Groupe de recherche d'Écouen
Coordination Josette Jolibert

FORMER DES ENFANTS PRODUCTEURS DE TEXTES

HACHETTE
Éducation

COAUTEURS

Ce livre (**type de texte** particulier...) a été écrit conjointement et solidairement par seize instituteurs de la circonscription d'Écouen, dans le Val d'Oise, et un professeur de l'École normale du même département.
(Cinq de ces personnes avaient participé à l'ouvrage précédent produit dans la même circonscription : *Former des enfants lecteurs,* Hachette, 1984.)

INSTITUTEURS ET INSTITUTRICES

Villiers-le-Bel

École la Cerisaie : E. BILLOUÉ
École F. Buisson : C. CRÉPON

Villiers-le-Sec

M. MOISY

Luzarches

École L. Jouvet : N. BESSON, M. A. PERETTI

Survilliers

École le Colombier : CL. BERGÉ, S. BREDÈCHE, M. IMBAULT, J. VALLART
École J. Jaurès : C. BOURGÈS, J. VALLET

Fosses

École H. Barbusse : J. HAESINGER, B. POSTEL
École Daudet : L. HERBEAUX, J. CL. MELLIN, J. P. SUNYER

J. JOLIBERT, professeur à l'École normale de Cergy

Cet ouvrage est le produit d'une recherche-action de deux ans, lancée par l'équipe de circonscription animée par Jean-Paul Viougeat, et soutenue après son départ par la nouvelle équipe de circonscription animée par Michel Lejeune.
Cette recherche a été également rendue possible grâce à la collaboration des collègues et de parents des écoles concernées, qui ont accepté de prendre en charge les enfants lors de réunions de regroupement de l'équipe de recherche. Sans parler de l'implication des enfants qui savaient qu'ils participaient à une recherche, et qui ont échangé à plusieurs reprises leurs productions.
Le manuscrit a été produit sur traitement de texte, par Alain Leduc, membre du groupe informatique de la circonscription.
Les droits d'auteurs seront versés intégralement à la coopérative des enseignants de cette circonscription.

79, boulevard Saint-Germain, 75006 Paris
ISBN 2-01-1703506

SOMMAIRE

PRÉSENTATION

Comment dégager aujourd'hui une problématique globale de l'enseignement/apprentissage de l'écrit qui permette à la fois :
— de définir des pratiques pédagogiques utilisant des apports théoriques récents (typologie des textes, opérations psychologiques de « mise en texte ») ou déjà plus anciens mais encore peu présents dans les classes (énonciation, cohérence du texte, pragmatique),
— de tirer profit au maximum, pour la production d'écrit, du remue-méninges de ces dernières années concernant l'apprentissage de la lecture et la compréhension des textes,
— d'intégrer dans une démarche de décantation le kaléidoscope des activités héritées des diverses couches de plus de quinze ans de rénovation de l'enseignement du français ?

Dans cette perspective, peut-on cerner un nombre maîtrisable d'objectifs d'apprentissage prioritaires — des objectifs clefs, en quelque sorte — qu'il soit à la fois nécessaire et possible de faire atteindre par *tous* les enfants pour la fin de leur CM2 ?

Pour cela, peut-on dépasser à la fois :
— la nébuleuse des activités empiriques, dont on ne sait jamais au juste ni ce qu'elles font travailler chez les enfants ni les compétences qu'ils en tirent ;
— les longues listes exhaustives d'objectifs très élaborés, certes très utiles, mais qui laissent les maîtres démunis devant leur profusion même ?

À partir de là, peut-on déterminer des pratiques de classe cohérentes, maîtrisées et efficaces, qui permettent aux enfants :
— non seulement de produire en classe des textes diversifiés, bien adaptés à des situations réelles, et les plus personnalisés possible,
— mais plus encore d'apprendre à les produire, de telle sorte qu'ils soient capables ensuite de les produire seuls, sans tutelle, en s'adaptant aux multiples situations nouvelles qu'ils pourront rencontrer ?

Enfin, peut-on élaborer des outils pour les maîtres (choix de concepts et d'objectifs, démarches, inventaires d'activités, d'outils pour les enfants) qui soient assez opératoires pour aider les enseignants à penser leur travail, à avoir prise sur les activités qu'ils engagent dans leurs classes, et sur leurs effets sur les apprentissages des enfants ?

Peut-on élaborer des outils capables de donner envie à un grand nombre d'enseignants de se lancer dans une transformation en profondeur des pratiques de leur classe, et à un grand nombre de groupes scolaires de s'attaquer collectivement, sur des projets au long cours, à la recherche d'une autre pédagogie de l'écrit ; d'une pédagogie :

— qui rende définitivement caduque la vieille pédagogie dite de l'expression écrite dans laquelle on ne s'exprime ni n'écrit, mais dans laquelle on passe son temps à faire des exercices (grammaire + vocabulaire + conjugaison + orthographe → rédaction) et de la copie — avec l'efficacité et l'ennui que l'on sait ;
— qui facilite au contraire toutes les innovations et toutes les inventions personnelles des maîtres et des enfants à partir de repères communs solides ?

C'est à partir de l'ensemble de ces questions stimulantes que s'est engagée notre recherche-action.

*
* *

Nos hypothèses de travail peuvent se résumer ainsi :

• Pour le maître, apprendre à écrire aux enfants c'est leur apprendre à **produire des textes** (et non des phrases ou des paragraphes) en situation réelle de communication. Dans ce cadre-là, les activités métalinguistiques sont secondes (au sens de seconder) par rapport aux activités de production. Et elles couvrent en même temps un champ plus large que la seule grammaire de phrase (il y a des activités métalinguistiques à tous les niveaux d'analyse du fonctionnement des textes : voir des exemples dans les sept chantiers du chapitre 4).

• Pour les enfants, savoir écrire c'est *d'abord* avoir une **stratégie de production** de textes, s'appuyant sur :
— une capacité de représentation : représentation de la situation et du type de texte à produire ;
— des compétences permettant de choisir, dans un éventail connu de types de textes, celui qui convient à la situation, et d'identifier ses principales caractéristiques linguistiques ;
— une aptitude à gérer globalement son activité de production pour qu'elle prenne en compte les différents niveaux d'analyse d'un texte : situation de production, superstructure, énonciation, grammaire de texte, microstructures du niveau de la phrase (voir chap. 1) ;
— et aussi, naturellement, des compétences linguistiques plus générales (syntaxiques, lexicales, orthographiques), des compétences minimales, utilisables dans tous les types de textes.

• En classe, il ne suffit pas de produire des textes, même pertinents et diversifiés, il faut apprendre à les produire et pour cela il faut que le maître élabore avec les enfants des **outils** de systématisation et des critères précis d'**évaluation**, réinvestissables ultérieurement.

• On ne saurait réduire une pédagogie de l'écrit à de simples techniques, dans une classe où, par ailleurs, rien n'aurait changé ; l'acte d'écrire engage profondément l'activité du scripteur et celui-ci doit y trouver un sens : le cadre d'une vie coopérative de la classe avec pédagogie de **projets** est l'une des conditions nécessaires de l'efficacité des apprentissages.

• Si ces conditions sont remplies, il devient raisonnablement possible de se donner comme objectif de former des **enfants écriveurs** capables, à la fin de leur scolarité élémentaire, de produire seuls aussi bien des écrits fonctionnels nécessaires (lettres, comptes rendus, affiches, règles de jeu, etc.) que des récits (histoires réelles ou de fiction) et des poèmes, et capables par ailleurs de maîtriser suffisamment la syntaxe, le lexique et l'orthographe pour que ces écrits soient cohérents et socialisables.

*
* *

On trouvera dans les chapitres qui viennent ce que nous avons dégagé de deux années de travail :

1. Un inventaire limité et hiérarchisé d'objectifs d'apprentissage, linguistiques et non linguistiques. Nous en avons tiré un outil essentiel pour les maîtres, un outil biface, puisqu'avec les *mêmes* rubriques (ce qui n'a rien d'étonnant) nous proposons :
— une trame de préparation valable pour tous les types de textes,
— un inventaire de critères d'évaluation.
(Voir page 16 et dans chacun des chantiers du chapitre 4.)

2. Le rappel des choix pédagogiques qui nous paraissent conditionner l'efficacité de tout apprentissage (Vie coopérative et projets. Démarche d'apprentissage).

3. Une démarche de travail dans les classes (le « chantier ») que nous avons systématisée et schématisée pour en faire un module d'apprentissage, utilisable pour tous les types de textes travaillés et quel que soit l'âge des enfants concernés, et que les maîtres peuvent s'approprier sans la figer en recette. Le schéma représentant la démarche des chantiers (voir p. 35) a constitué pour nous le deuxième outil essentiel que nous nous sommes forgé.

4. Le choix de sept types de textes et la description précise, pour chacun d'entre eux, des chantiers menés dans deux ou trois classes. Pour la plupart de ces chantiers, nous avons joint :
— la trame de préparation qu'avait remplie le maître concerné,
— des productions d'enfants à diverses étapes de leur réalisation (en conservant autant que possible l'aspect original),
— des exemples d'outils élaborés avec et pour les enfants.

Ces deux années ont été très largement occupées à dégager problématique et outils, à vérifier leur fonctionnement en classe, à évaluer leurs effets.
Il nous reste maintenant à travailler sur toute la durée du cursus scolaire et à voir comment ce que nous proposons ici peut nourrir la recherche de groupes scolaires entiers sur plusieurs années.

Vous trouverez dans les pages qui suivent une présentation de notre équipe, et des modalités institutionnelles qui ont permis son fonctionnement. Si cela vous donnait des idées, nous n'y verrions aucun inconvénient...

Josette Jolibert

NOTRE ÉQUIPE

QUI SOMMES-NOUS ?

Des enseignants, comme vous. Engagés dans une **recherche-action,** persuadés qu'être enseignant-chercheur, c'est possible :
— même quand on n'est qu'« instituteur-tout-venant » (ITV), car on peut être autre chose que le fournisseur attitré de séquences de classe pour des chercheurs « professionnels », on peut mener une recherche qui soit une coélaboration, avec reconnaissance réciproque de compétences spécifiques... et non une simple application d'hypothèses élaborées par d'autres,
— même quand on n'a, pour fonctionner, que les moyens courants de tous les enseignants, sans décharge institutionnalisée supplémentaire... C'est une autre façon d'utiliser ses heures de travail (voir plus loin).

À l'est du Val d'Oise, au nord de la région parisienne, la circonscription d'Écouen est une réalité qui bouge et qui se construit (équipes d'écoles, commissions, nombreux stages de circonscription, congrès de circonscription, élaboration du livre *Former des enfants lecteurs*...).

Un IDEN, puis un autre, des conseillers pédagogiques, des professeurs d'EN, ont cassé l'image classique de la hiérarchie, puis mené conjointement information et formation, concevant l'animation en circonscription, non comme un moulin à bonnes paroles occasionnel : « y a qu'à, il faut que... », mais comme un outil de coformation engageant pour tous un travail dans la durée.
Des enseignants « déstabilisés », las des papillonnages multiples, se sont interrogés sur leurs pratiques pédagogiques, remis en question, investis dans de multiples secteurs (lecture, histoire-géographie, EPS, informatique), décidés à se donner les moyens de faire plus.
Puis, sous l'impulsion de l'équipe de circonscription, un groupe d'enseignants (GS, CP, CE1) particulièrement motivé a inversé la problématique de l'approche de la lecture au niveau du CP et publié *Former des enfants lecteurs* en 1984.

À la rentrée 85, une recherche-action sur « les stratégies de production d'écrit à l'école élémentaire » a été proposée à l'ensemble des collègues de la circonscription. Des vingt-deux instituteurs volontaires, qui se sont engagés au départ, seize persistent et signent aujourd'hui cette coproduction.

Nous constituons par ailleurs un bel échantillonnage du monde des enseignants :
— allant de la formation initiale à quelques années de la retraite (22 à 51 ans),
— appartenant à des écoles de milieu rural, semi-rural, urbain (type ZEP),
— travaillant à tous les niveaux de classe de l'école élémentaire,

— exerçant des responsabilités diverses : instituteurs, « adjoints » ou directeurs, conseillers pédagogiques (CPEN), et, c'est une coïncidence, comportant même une proportion d'hommes et de femmes conforme à la réalité nationale...

COMMENT CE GROUPE A-T-IL FONCTIONNÉ ?

Un **contrat de recherche-action** a engagé les participants sur les bases suivantes :

Projet de recherche

— des choix pédagogiques clairs s'inscrivant dans le cadre d'une vie coopérative et de projets de classe,
— une élaboration collective d'hypothèses de travail, un ajustement des séquences, une évaluation des chantiers,
— une large expérimentation sur le terrain, sans cesse discutée, réajustée, peaufinée,
— une analyse des pratiques de classes dynamisant la réflexion et la solidarité de notre groupe,
— une participation active des enfants, informés des enjeux de notre recherche et une collaboration des parents, des collègues,
— la production finale d'un ouvrage, décidée dès le premier jour et qui sera présente, en filigrane, tout au long de nos travaux.

Mode de fonctionnement

Cadre général : un engagement pour deux ans (des participants à la recherche et de la circonscription à leur égard).

• Moyens institutionnels :
— une journée d'étude par mois prise à la fois sur le temps d'animation réglementaire, sur la formation continue et sur les décharges de directeurs engagés dans la recherche,
— une information théorique sur les apports des dernières recherches en linguistique et psycholinguistique (horaire du PEN pris sur le quota d'heures attribué à l'animation menée en circonscription),
— un échange de services avec des normaliens de FP1 venant faire un stage dans nos classes puis nous dégageant deux jours pour poursuivre l'écriture de cet ouvrage,
— un stage de quinze jours au début de la deuxième année (qui nous permettra de faire le point et de confirmer l'option de production d'un livre — celui-ci — et d'en esquisser la forme).

• Moyens relevant de l'engagement personnel :
— deux ou trois heures par semaine (c'est une moyenne) prises hors du temps scolaire permettant, entre autres, élaboration et évaluation de séquences pour les chantiers en cours,
— un week-end pour la mise en route définitive de la production de cet ouvrage,
— beaucoup de réunions d'écriture, en fin de course, pour « boucler » cet ouvrage dans les délais requis.

POURQUOI NOUS SOMMES-NOUS ENGAGÉS DANS CETTE RECHERCHE ?

Submergés par les multiples problèmes que tous les enseignants connaissent (manque de motivation des enfants pour l'écrit, incohérence des idées, syntaxe et conjugaison défaillantes, orthographe fantaisiste, ponctuation absente...), nous avions tous tenté de faire face, d'apporter des remèdes, chacun de notre côté, en nous inspirant des divers courants de l'éducation nouvelle et de la rénovation. Nous avions fait vivre le texte libre, les thèmes, l'éveil, nous avions vécu les affrontements autour de la lecture, emprunté toutes les pistes qui nous semblaient apporter une tentative de réponse : en fait, nous ne possédions pas des moyens réels, efficaces, rigoureux, qui permettraient aux enfants de se construire les outils nécessaires à une véritable appropriation des compétences d'« écrivant ». Ce questionnement incessant, angoissant, entraîna notre adhésion à ce projet de coformation avec apport d'informations théoriques étayant nos propres savoirs.

Ces deux années de travail collectif nous ont apporté la certitude :
— que les enseignants ont tout à gagner à sortir de leur classe, à confronter leurs pratiques pédagogiques, à chercher à les nourrir aux apports des recherches récentes et à les théoriser,
— que l'« enseignant moyen » peut avoir accès aux champs de la recherche, qu'il croyait réservés à une élite,
— que la pédagogie de l'écrit est maîtrisable, n'est plus vouée à une poussière d'acquis..., et que l'enjeu de l'écrit s'avère formateur pour tous (enfants, enseignants),
— que les compétences acquises lors de ces deux dernières années sont des biens réinvestissables dans tous les domaines où nous intervenons, où nous interviendrons,
— que de se donner pour contrat de socialiser son travail sous forme de production de synthèse est exigeant, fatigant, mais indispensable pour se contraindre à pousser le plus loin possible la conceptualisation de ce que l'on fait et pour être en mesure de proposer à d'autres des outils, des démarches utiles, au lieu d'en rester à des essais dans nos classes.

PROJETS

Notre groupe de recherche vient de s'engager pour une animation, durant le premier trimestre 1987-1988, de trois demi-journées d'information s'adressant à l'ensemble des collègues de la circonscription. L'accent sera mis sur les objectifs de formation pour nos élèves et les stratégies adoptées pour former des enfants producteurs de textes, « outillés » pour évaluer leur production. À la suite de ces échanges, les collègues désirant s'engager dans des projets d'école pourront, s'ils le souhaitent, être épaulés dans la mise en place de ces projets.

1. Pour former des enfants producteurs de textes. Quels objectifs d'apprentissage ?

Parmi l'ensemble des objectifs d'apprentissage que devraient atteindre tous les élèves, écoliers et collégiens, au cours de leur scolarité obligatoire, nous avons opéré des choix et établi des priorités. Nous l'avons fait par souci d'efficacité, pour éviter de nous noyer dans de longues listes non maîtrisables, et surtout pour nous permettre de cerner avec le plus de rigueur possible ce qui, pour chaque enfant,

est construit,
est en voie de construction,
ou est encore à construire entièrement,

parmi les compétences (savoir-faire), comportements (savoir-être) et connaissances (savoirs) indispensables à la production de textes.

1. DES OBJECTIFS PREMIERS D'ORDRE « EXPÉRIENTIEL », COMME ON DIT AUJOURD'HUI

Il est primordial que chaque enfant-écolier, tout au long de sa scolarité, comme **lecteur** et comme **producteur**, fasse l'expérience :
• de l'*utilité* et des *fonctions* diverses de l'écrit :
l'écrit sert à quelque chose, répond à des intentions, sous-tend des enjeux, diffère selon les situations, permet de communiquer, de raconter des histoires, de garder des traces, etc. ;
• du *pouvoir* que donne une maîtrise suffisante de l'écrit :
l'écrit donne le pouvoir de faire venir du monde à la kermesse,

d'obtenir une subvention de la mairie, de régler un conflit avec un moniteur, de faire rire ou rêver ses camarades avec les histoires que l'on invente, d'obtenir de visiter le centre d'informatique d'une grande entreprise, etc.(1) ;
• du *plaisir* que peut procurer la production d'un écrit :
plaisir d'inventer, de construire un texte, plaisir de comprendre comment ça fonctionne, plaisir d'agencer des mots, plaisir de surmonter les difficultés rencontrées (le plaisir du « Ah oui !... »), plaisir de trouver le type d'écrit et les formulations les plus appropriées à la situation, plaisir de faire des progrès, plaisir de la tâche menée jusqu'au bout, du texte achevé bien présenté.

En définitive, il faut que, pour chaque enfant, écrire soit, non pas synonyme de corvée, blocage et échec, mais évoque plutôt des projets réalisés grâce à l'écrit, ou des projets d'écriture de fiction aboutis : il faut que les images qui viennent à l'esprit des enfants, quand on leur parle d'écrire soient « faire une affiche » pour annoncer une exposition, « écrire un scénario » pour le spectacle du retour de la classe de neige, « inventer un conte » pour les petits, « faire un compte rendu de visite » pour le journal de l'école, « écrire des poèmes », etc., plutôt que « faire des exercices de grammaire », « compléter des phrases », « faire des dictées », « copier » des consignes, ou redouter les tests qu'on leur fera passer à la rentrée pour les accueillir en 6e.

2. POUR CHAQUE ENFANT, CONSTRUCTION D'UNE REPRÉSENTATION POSITIVE DE SON INTERACTION AVEC L'ÉCRIT

Une représentation dynamique de l'écrit lui-même

— un écrit constitué de **textes** et non de phrases qu'il resterait ensuite à mettre bout à bout ;
— un écrit produit (et non préexistant dans l'absolu) et même un écrit en train d'être produit (une *production*), un processus, une matière en travail ;
— un écrit inscrit chaque fois dans un projet « pour de bon » ;
— un écrit varié : il existe des types de textes différents correspondant à des situations et des intentions différentes ;
— un écrit pertinent : quand on utilise l'écrit, de préférence à d'autres codes ou modes d'expression, il faut être capable de le justifier ;

(1) Cf. Pierre Bourdieu : « La langue n'est pas seulement un instrument de communication ou même de connaissance, mais un instrument de pouvoir. On ne cherche pas seulement à être compris, mais aussi à être cru, obéi, respecté, distingué... » (« L'économie des échanges linguistiques » *Langue française,* n° 34, mai 1977).

— un écrit efficace (comme peut en témoigner la réaction des destinataires chaque fois qu'on peut la connaître et qu'on la recherche) ;
— un écrit valorisant : chacun peut y réussir lorsqu'il sait comment s'y prendre et connaît les critères de réussite.

Une représentation dynamique de soi comme sujet écrivant

— comme *personne* s'appropriant à la fois le monde et le langage par la pratique de l'écrit ;
— comme *producteur de texte,* compétent (« je peux faire parce que je sais comment m'y prendre pour faire »), et dont les compétences sont en devenir ;
— comme *apprenant* (« écrire, ça s'apprend ») devant gérer ses apprentissages, élaborer des outils et les utiliser à bon escient, cerner des critères de réussite, évaluer ses productions et ses progrès ;
— comme *énonciateur d'écrit* ayant, comme tel, à faire une utilisation *spécifique* de la langue, différant de celle de l'énonciateur d'oral au moins sur trois points :
a. À la différence de l'oral, l'écrit est un message différé dans le temps et dans l'espace ; là où l'émetteur oral s'appuie sur les éléments de la situation partagée implicitement avec le destinataire, l'énonciateur d'écrit doit être explicite sur ces éléments situationnels.
b. Là où l'oral peut paraître « couler de source », spontanément, dans une situation donnée, l'écrit est toujours un processus de production de langue distancié et organisé, qui implique une décentration de l'émetteur par rapport à lui-même et par rapport à ce qu'il a à dire (« il faut réfléchir avant d'écrire »).
c. Tout écrit est un message pour l'œil, organisé comme tel, avec des « blocs de texte » répartis dans l'espace de la page, des effets typographiques, l'utilisation précise des signes de ponctuation et des majuscules, etc. (et ce n'est donc pas la traduction en enfilade, à l'aide de mots écrits, d'un message « qu'on a dans la tête » et dont la présentation matérielle importerait peu).

Une représentation précise de la tâche d'écriture

— Chercher, pour chaque situation, le type de texte qui convient.
— Avoir recours à une stratégie d'ensemble, au lieu de se jeter tout de suite, sans réfléchir, sur papier et crayon : procéder pour soi à une identification préalable de la situation et du type de texte choisi, avant d'engager l'écriture ligne à ligne.
— Mobiliser, pour l'adapter, tout ce que l'on peut savoir sur un type de texte donné, et pour cela, utiliser les outils dont on dispose déjà ou en chercher d'autres.
— Lors de la production de texte même, lors des relectures et réécritures, savoir qu'il y a plusieurs niveaux d'analyse d'un texte (de la superstructure du texte aux microstructures orthographiques, en passant par les multiples cohérences à rechercher — celle des pronoms et autres substituts, celle des temps des verbes, celle des connecteurs, celle des choix lexicaux, etc.) et que lors de la

production d'un texte, il est nécessaire d'y veiller, en procédant par étapes, par centrations successives de l'attention (voir chap. 3 et 4).

Naturellement, faire cette **expérience** personnelle de l'écrit suppose que la **pratique** que l'on a de sa **production** soit — tout au long de l'école élémentaire — régulière, diverse, contrastée, sans cesse réajustée ; elle naît d'une familiarité de tous les jours avec la production effective de textes, et d'une réflexion métalinguistique rigoureuse sur le fonctionnement des textes et de la langue.

3. LES COMPÉTENCES/CONNAISSANCES PLUS DIRECTEMENT LINGUISTIQUES NÉCESSAIRES À LA PRODUCTION D'UN TEXTE PRÉCIS DANS UNE SITUATION PRÉCISE

Nous présentons ci-dessous l'inventaire hiérarchisé que nous avons dégagé de tout un ensemble d'apports théoriques divers (linguistiques, psycholinguistiques ou sociolinguistiques), récents ou présentés il y a quelques années déjà mais peu intégrés encore comme outils conceptuels par les enseignants (2).

Pour produire un texte pertinent dans une situation précise

• **Avant la production,** un enfant doit être capable

1. d'identifier de manière précise les **paramètres de la situation** de communication écrite qui vont déterminer sa production :
— Quel est le *destinataire* précis de mon écrit ? Quel est son statut ? Ai-je avec lui des relations de pair ou de non-pair ?
— *Moi* comme *énonciateur :* à quel titre j'écris ? Comme personne individuelle ? Comme enfant-écolier ? Comme représentant de mes camarades ?
— Quel est le *but* de mon écrit ?
— Quel est son *enjeu* (c'est-à-dire, qu'est-ce qui risque de se passer si mon écrit ne convient pas) ?
— Quel est son *objet* précis (qu'est-ce que j'ai à dire ? qu'est-ce que je veux dire ?)
N.B. : Ces trois derniers paramètres ne sont pas assimilables l'un à l'autre (voir chap. 4) ;

2. d'avoir une **représentation préalable** du produit fini qu'il cherche à produire :
— Quel *type de texte* choisir dans l'éventail des textes possibles ?
— Quelle sera son allure générale, sa *silhouette ?*
— Quel *choix de matériel* dois-je faire :

(2) Pour la présentation de ces outils théoriques linguistiques eux-mêmes, voir l'annexe du présent chapitre.

Quel *support* ? feuille dactylo 21 × 29,7 ? papier affiche ? fiche bristol ? Est-ce qu'il y aura un exemplaire unique ou démultiplié de mon texte ? polycopié ? photocopié ? tiré sur imprimante ?
Quel *outil-scripteur* ? stylobille ? marqueur ? frappe machine ? imprimante ? Cet outil convient-il au support et au format choisis ?
Faut-il prévoir un *coût* financier supplémentaire ou le matériel courant de la classe suffit-il ?

• **Pendant la production**

Un producteur de texte compétent est celui qui est capable de :

1. Cerner les principaux **niveaux linguistiques** de la mise en texte (2) :
— *Superstructure*

— « blocs de texte » (silhouette) ;
— schéma typologique (dynamique interne, de l'ouverture à la clôture) ;

— *Linguistique du texte*

— fonction(s) dominante(s) organisatrice(s) du langage ;
— énonciation (marques d') : personnes, espace/temps, modalisation ;
— cohérence du texte :
cohérence sémantique et progression,
les « substituts » (anaphoriques),
le système des temps et adverbes de temps,
les connecteurs ;

— *Linguistique de la phrase*

— ordre des mots et des groupes de mots,
— relations syntaxiques,
— gestion des phrases complexes,
— microstructures orthographiques...

2. Pour chacun de ces niveaux, mobiliser ses connaissances/compétences et chercher à en acquérir d'autres, si besoin est.

3. Gérer le va-et-vient d'ajustement entre les différents niveaux au cours des relectures et réécritures (voir chap. 3 et 4).

C'est cet inventaire des **compétences/connaissances** nécessaires à la production d'un texte qui permet ipso facto :
— de définir les **objectifs d'apprentissage** pour les enfants,
— de cerner les **critères d'évaluation** de leurs productions,
— de dégager les rubriques d'une **trame de préparation** pour le maître (voir page suivante).

TRAME DE PRÉPARATION DE L'ENSEIGNANT *

TYPE DE TEXTE MIS EN CHANTIER DANS LA CLASSE	
1. REPRÉSENTATION PRÉALABLE QUE JE ME FAIS :	
• de la situation de communication : les paramètres déterminants.	
Destinataire (statut : à parité ou non) Énonciateur (à quel titre ?)	
But	
Enjeu	
Objet précis de la communication (référent)	
• du produit fini :	
Justification du choix de ce type de texte dans l'éventail des textes possibles	
Allure générale du texte	
Choix du matériel : Supports possibles Outils scripteurs possibles Coût financier (éventuellement)	
2. LES CARACTÉRISTIQUES DU TEXTE QUE JE PRÉVOIS :	
• Structure d'ensemble (superstructure) :	
Schéma typologique ou silhouette	Organisation interne
• Linguistique du texte :	
Fonctions dominantes organisatrices du langage	
Choix pertinents pour ce type de texte : — énonciation (personnes, espace/temps) — système des temps — lexique	
Cohérence à rechercher : — marques d'énonciation — adverbes et temps — substituts (anaphoriques) — connecteurs	
• Linguistique de la phrase (dans ses aspects les plus fréquents pour ce type de texte) :	
3. ACTIVITÉS DE SYSTÉMATISATION MÉTALINGUISTIQUES, envisagées dès la préparation ou retenues après analyse des « premiers jets » des enfants	

* Rappel : Cette trame est destinée à aider l'enseignant à concevoir, animer et évaluer le chantier. Elle est un support pour l'élaboration d'outils de systématisation avec les enfants. En aucun cas elle n'est destinée à leur être donnée préalablement à l'écriture.

4. DES OBJECTIFS PRAGMATIQUES QUI DÉPASSENT LA PRODUCTION DE TEXTE : APPRENDRE À TRAVAILLER

1. Savoir gérer un projet (objectifs, tâches, calendrier).
2. Avoir une stratégie ou en chercher une (« Comment je m'y prends pour faire ? », c'est-à-dire savoir identifer les tâches, les hiérarchiser et les traiter au bon moment).
3. Savoir élaborer des outils, savoir en chercher, savoir les utiliser de façon autonome.
4. Aller jusqu'au bout d'un projet et d'une tâche entreprise.

5. CONNAISSANCE SOCIO-ÉCONOMIQUE DE L'ÉCRIT

Enfin, il nous semble essentiel que les enfants-écoliers découvrent, tout au long de leur scolarité, qu'il existe un monde de l'écrit ; un monde social, culturel, économique, industriel de l'écrit ; un monde de la production (des auteurs), de l'édition, de la diffusion, où les exemplaires de livres, de revues, de journaux peuvent se chiffrer par milliers ou centaines de milliers d'exemplaires.

Il faut que les enfants soient en mesure de se représenter par quel cheminement singulier sont parvenus jusqu'à eux un roman, un fait divers, une recette de clafoutis, une règle du jeu, une affiche pour un spectacle de marionnettes, une lettre, etc. (« Qu'est-ce qu'il a fallu pour que j'aie ça sous les yeux ? Qui ? Quand ? Où ? Comment ? »).

Qu'ils sachent que les écrits sociaux existent rarement sous forme de feuilles volantes ou de cahiers comme ils ont l'habitude de les rencontrer à l'école, mais plutôt sous formes d'écrits complexes : journaux, revues, magazines, livres, recueils de fiches, etc. qui ont chacun leur spécificité.

Il faut qu'ils aient conscience, comme lecteurs mais aussi comme producteurs de textes, qu'il existe une multitude de possibilités typographiques, de genres de papiers, de dimensions d'écrits, et que le monde réel de l'écrit ne se limite ni à la feuille 21 × 29,7 polycopiée, occupée par l'écriture manuscrite (bleue ou violette selon le stencil) du maître ni à la page imprimée de manuel.

Des rencontres avec des auteurs, des journalistes, des éditeurs, des visites d'imprimeries, de librairies, de bibliothèques, des observations de livres, de revues, de journaux en tant qu'objets, l'abonnement de la classe à un journal pour enfants peuvent facilement venir compléter la *pratique* effective de plusieurs types d'écrit, de plusieurs supports, de plusieurs moyens techniques de duplication (polycopie, photocopie, imprimerie de classe, imprimante) accessibles aux enfants (voir chap. 4).

En bref, il faut que les enfants trouvent leur place dans ce monde de l'écrit non plus seulement comme **lecteurs** et **récepteurs** mais comme **producteurs**, comme **éditeurs** et comme **diffuseurs**.

ANNEXE

QUELS APPUIS ET QUELS CHOIX THÉORIQUES LINGUISTIQUES ET PSYCHOSOCIOLINGUISTIQUES ?

1. La situation de production et sa caractérisation par l'énonciateur

La notion de « situation de communication », connue des enseignants, est plus souvent liée, pour eux, à des situations d'oral qu'à des situations d'écrit ; et même pour l'oral, elle est loin d'être aussi opératoire qu'elle pourrait l'être.
(Lors d'un de ses passages en France, entre le Québec et la Belgique, Jean-Marie Doutreloux a eu un franc succès en venant présenter à l'ensemble des instituteurs de la circonscription d'Écouen ses propositions de « prise en charge et évaluation de l'oral au primaire » (1) qui sont autant d'outils pour penser la mise en place et les apprentissages dans les situations orales de production de langue.)

De plus, la situation de communication est souvent pensée de manière statique à partir des six pôles tels que les a présentés Jakobson (2) :

	référent	
destinateur ----------	message ----------	destinataire
	contact	
	code	

Les travaux des sociolinguistes (ethnographes de la communication américains : Goffman, Hymes, Cazden, sociologues français du langage : P. Bourdieu, chercheurs russes : Bakhtine, Vygotsky) ont mis en évidence que les relations destinateur/destinataire sont déterminées par des rapports sociaux (de pouvoir, de rôles et de statuts), avec enjeux réels, et des habitudes culturelles à partir desquelles les interlocuteurs catégorisent une situation d'échange verbal.

Dès 1929, Bakhtine (qui ne fut traduit en français qu'en 1977) écrivait :
« Quelle que soit la composante de l'expression-énonciation que nous considérions, elle sera déterminée par les conditions réelles de l'énonciation en question, c'est-à-dire avant tout par *la situation sociale la plus immédiate*.
En effet, l'énonciation est le produit de l'interaction de deux individus socialement organisés, et même s'il n'y a pas un interlocuteur réel, on peut substituer à celui-ci le représentant moyen du groupe social auquel appartient le locuteur. *Le mot s'adresse à un interlocuteur ;* il est fonction de la personne de cet interlocuteur : il variera selon qu'il s'agit d'un homme du même groupe social ou

pas, selon qu'il est inférieur ou supérieur dans la hiérarchie sociale, selon qu'il est lié ou non au locuteur par des liens sociaux plus ou moins étroits (père, frère, mari, etc.). Il ne peut y avoir d'interlocuteur abstrait ; nous n'aurions pas de langage commun avec un tel interlocuteur, ni au sens propre ni au sens figuré. »

Il poursuivait :
« La situation sociale la plus immédiate et le milieu social plus large déterminent entièrement, et cela de l'intérieur, pour ainsi dire, la structure de l'énonciation » (3).

Aux États-Unis, dans les années soixante, se sont élaborés des travaux analysant le fonctionnement du langage dans les groupes sociaux (*Sociolinguistique* de Labov) prenant en compte les composantes de la situation de communication (modèle « speaking » de Hymes), le processus de catégorisation (Goffman, *La mise en scène de la vie quotidienne*), les stratégies et les enjeux (4).
En 1964, dans un article intitulé « Une variable négligée : la situation », E. Goffman commençait ainsi :
« On chercherait en vain une variable sociale qui n'affecte pas, de manière évidente et systématique, le comportement verbal ; âge, sexe, classe, caste, pays d'origine, génération, région, scolarisation, modes culturels d'organisation cognitive, bilinguisme, etc. Chaque année, de nouvelles déterminations sociales du comportement verbal sont mises à jour. (On devrait ajouter que chaque année de nouvelles variables psychologiques sont mises en relation avec la parole.) » (4)

Pour sa part, préfaçant un ouvrage sur *Les fonctions du langage dans la classe,* paru aux États-Unis en 1972, C.B. Cazden intitulait son article « La situation : une source négligée des différences entre classes sociales dans l'utilisation du langage » et rappelait comment, à partir du projet d'étudier le langage, non plus comme un produit, mais comme une activité, Hymes conçut sa réflexion sur la **compétence de communication.**
Elle soulignait également :
« Le but que nous nous proposons est de comprendre comment l'expérience préalable d'un individu (dont l'appartenance sociale n'est qu'un indice grossier et hétérogène) et les caractéristiques momentanées de la situation se conjuguent pour déterminer sa conduite (...). Les choix de l'enfant sont fonction des caractéristiques de la situation telle qu'il la perçoit sur la base de son expérience passée » ; elle ajoutait : « Les recherches sur le langage de l'enfant ont eu tendance à ignorer les variables contextuelles ou situationnelles, ou à cumuler des données linguistiques provenant de contextes différents » et se proposait de présenter les recherches « traitant comme variables indépendantes les caractères de la situation de parole, quelle que soit par ailleurs l'appartenance sociale des sujets »(4).

On trouvera une présentation de l'ensemble de ces travaux dans *Langage et Communications sociales* de Christian Bachman, J. Lindenfeld et J. Simonin (5).

Dans son article (6), paru dans *Langue française* en mai 1977, P. Bourdieu mettait en question la conception étroite d'une compétence linguistique qui ne serait que « capacité d'engendrement

infini de discours grammaticalement conforme » et ajoutait que cette compétence « ne peut être autonomisée (...) par rapport à une autre compétence, la capacité de produire des phrases à bon escient, à propos ».
Il définissait ainsi une **compétence élargie,** en précisant :
« Ce qui fait problème, ce n'est pas la possibilité de produire une infinité de phrases grammaticalement cohérentes mais la possibilité d'utiliser, de manière cohérente et adaptée, une infinité de phrases dans un nombre infini de situations. La maîtrise pratique de la grammaire n'est rien sans la maîtrise des conditions d'utilisation adéquate des possibilités infinies, offertes par la grammaire (...). C'est encore par une abstraction que l'on peut distinguer entre la compétence et la situation, donc entre la compétence et la compétence de la situation. La compétence pratique est acquise en *situation,* dans la pratique : ce qui est acquis, c'est, inséparablement, la maîtrise pratique du langage et la maîtrise pratique des situations, qui permettent de produire le discours adéquat dans une situation déterminée. L'intention expressive, la manière de la réaliser et les conditions de sa réalisation sont indissociables » (6).

La compétence de communication devient **compétence stratégique.** On pourra se reporter à l'ouvrage plus récent du même auteur, *Ce que parler veut dire* (6).

C'est la construction de cette **compétence stratégique** par nos élèves que nous recherchons.

C'est pourquoi nous attachons tant d'importance :
— au fait qu'il y ait toujours un enjeu réel et un destinataire effectif à leurs écrits,
— au fait qu'ils s'entraînent à cerner avec précision pour chacune de leurs productions, les paramètres suivants (voir ci-dessus, § 1. p. 14) : relation de statuts entre énonciateur et destinataire, but, enjeu, et objet même de la communication (référent) ; qu'ils perçoivent qu'un destinataire n'est pas un simple récepteur, mais un véritable coélaborateur d'un texte.

2. Production de textes — Processus de mise en texte

Dans un article de synthèse sur les travaux récents issus de « l'approche cognitiviste de la rédaction » (7), Michel Fayol notait :
« L'intérêt se déplace du produit — le texte écrit — vers les processus : la composition. Ensuite, et corrélativement, c'est l'écrivain (au sens large) qui devient objet d'étude. Enfin l'enseignement lui-même se trouve mis en question (...). »
En septembre 1986, au colloque de Namur (8), il reprenait, avec Bernard Schneuwly, cette présentation synthétique des recherches récentes sur « la production des textes écrits et sur le développement de la capacité de produire des textes écrits ». Nos lecteurs auront tout intérêt à se reporter au texte détaillé de cette communication. Citons seulement :
« Notons que, s'il existe actuellement deux ou trois modèles théoriques de la production de texte », tous mettent l'accent sur les opération suivantes :
— La *planification* textuelle qui signifie non pas le fait de « faire

un plan » mais la prise en compte, dans l'élaboration du texte, du destinataire et du but (macro-planification), et « l'organisation devant conduire au texte dans sa forme finale (micro-planification) » (...). « L'écrit, du fait d'abord de la lenteur de sa production, du fait ensuite de l'absence de pression communicative, du fait enfin de la trace révisable à laquelle il aboutit, *facilite* et sans doute *nécessite* le recours à une planification relativement étendue. »
— La *textualisation* « concerne les processus mis en œuvre pour linéariser un texte » (progression et conservation d'informations au cours du texte, connexion, segmentation → problème des anaphores — substituts, des temps des verbes, des connecteurs, de la ponctuation dans leurs fonctions textuelles).
— La *révision* des textes (ou relecture), en cours de production ou une fois le texte fini. « Un tel processus paraît exiger de la part de l'auteur une capacité à *se distancier* par rapport à ses écrits » (8).

Dans le n° 49 de la revue *Pratiques* (mars 1986), Claudine Garcia-Debanc présente l'un de ces « modèles » explicatifs de la production de texte, celui de J.R. Hayes et L.S. Flower (9), et dégage les « intérêts des modèles du processus rédactionnel pour une pédagogie de l'écriture ».

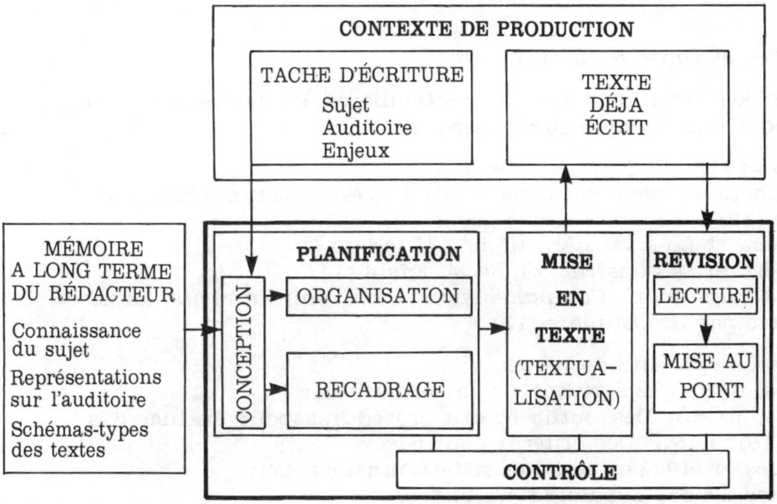

Cl. Garcia-Debanc montre que ces « modèles » peuvent être, pour l'enseignant :
—« une aide à l'analyse de situations pédagogiques,
— une aide à la conception et à la programmation d'activités d'apprentissage des processus rédactionnels »,
et montre en particulier comment, par des « facilitations procédurales », par l'élaboration avec les enfants d'outils et de critères d'évaluation, le maître peut aider les enfants à chacune des trois étapes de la « mise en texte » et, selon les cas, alléger leur tâche en cas de « surcharge cognitive », activer des opérations de révision, favoriser un autocontrôle de l'élève sur sa propre activité, etc.

« On cherchera avant tout à comprendre le fonctionnement cognitif de l'élève face à la tâche proposée. Les données d'intérêt prioritaire seront celles qui portent sur les représentations de la tâche formulées par l'élève et sur les stratégies ou procédures qu'il utilise pour arriver à un certain résultat » (10).

Pour nourrir cette réflexion sur l'activité du producteur de texte, on se reportera au texte intitulé « La construction sociale du langage écrit chez l'enfant » de Bernard Schneuwly dont sont extraites ces lignes :
« La plupart des situations de production dans lesquelles on utilise l'écriture supposent des capacités de planification et de distanciation relativement développées ainsi que des capacités de réflexion consciente sur la langue et le langage. En effet, de nombreux aspects des textes écrits, notamment les rapports texte-contexte, énonciateur-texte, texte-destinataire, mais aussi la structure du texte, la relation entre les parties du texte et même entre éléments du texte peuvent ou doivent faire l'objet d'une représentation précise, souvent consciente.
Autrement dit, tout ou partie de ces aspects doivent pouvoir être contrôlés par le sujet scripteur. Autrement dit encore, le sujet doit avoir un contrôle développé sur sa propre activité de production langagière » (11).

3. Textes et types de textes

Les années 1984-1987 ont été particulièrement fastes pour les travaux et publications sur les textes :

• Ouvrages de fond :
— *Le fonctionnement des discours* de J.P. Bronckart et l'équipe de Genève (12).
— *Le récit* et *Le texte narratif* de J.M. Adam (13).
— *Le récit et sa construction* de M. Fayol (14).
— *Il était une fois... Compréhension et souvenir de récits,* textes présentés par G. Dehnière (15).

• Numéros spéciaux de revues :
Repères, n° 63, Ils écrivent... comment évaluer ?
Repères, n° 66, Des outils et des procédures pour évaluer des écrits (16) ; n° 73, Des critères pour écrire.
Pratiques, n° 49, Les activités rédactionnelles (17) ;
Pratiques, n° 55, Typologie des textes.
Le français aujourd'hui (18) n° 64, Nous écrivons, vous écrivez... ;
Le français aujourd'hui n° 79, Textes en classe et classes de textes.
Le français aujourd'hui n° 80, Évaluer.
Langue française, n° 74, La typologie des discours (19).
Études de linguistique appliquée, n° 62, Activités métalinguistiques et métadiscursives chez l'enfant de 6 à 11 ans (20).

• Colloques :
En particulier le 3e colloque international de didactique du français langue maternelle (Namur, septembre 1986), sur le thème « Apprendre/Enseigner à produire des textes écrits » (21).

Autant d'ouvrages, nous semble-t-il, qu'il est nécessaire de s'approprier, en profitant de cette convergence, et en en faisant l'objet d'un travail de réflexion en équipes d'école.

Pour ce qui nous concerne, lors de la présente recherche, nous avons été amenés à constater que, selon les recherches et les points de vue sur la réalité *texte,* les définitions et critères de classement des « types de textes » sont loin d'être homogènes, et que la terminologie qui les désigne est loin d'être fixée — ce qui est normal. (Voir le numéro de *Langue française* cité plus haut, qui fait le point sur l'ensemble de ces questions.)
Pour des raisons d'efficacité pédagogique, nous avons, pour notre part décidé d'appeler types de textes les principaux types d'**écrits sociaux** existant dans notre société et accessibles aux enfants de l'école élémentaire, qui en deviennent partie prenante comme lecteurs et comme producteurs (voir chap. 4).

4. Superstructure ou schéma typologique

Le terme même de **superstructure** est emprunté à T.A. Van Dijk (22) mais l'idée d'une structure sous-jacente, commune aux contes, et aux récits, est familière aux enseignants ; beaucoup utilisent le « schéma du conte » (Propp-Greimas) pour faire inventer des contes à leurs enfants. Ils utilisent moins la représentation formelle, plus large, du récit.

La structure du récit a été définie ainsi par Todorov :
« Un récit idéal commence par une situation stable qu'une force quelconque vient perturber. Il en résulte un état de déséquilibre ; par l'action d'une force dirigée en sens inverse, l'équilibre est rétabli ; le second équilibre est bien semblable au premier, mais les deux ne sont jamais identiques. Il y a par conséquent deux types d'épisodes dans un récit : ceux qui décrivent un état (d'équilibre ou de déséquilibre) et ceux qui décrivent le passage d'un état à l'autre » (23).

Elle est analysée sous la forme d'un schéma à cinq branches ou schéma quinaire par Paul Larivaille (24) :

AVANT	**PENDANT** transformations processus dynamique			**APRÈS**
état initial équilibre 1	provocation déclenchement 2	action 3	sanction conséquence 4	état final équilibre 5

et par Jean-Michel Adam (25) :

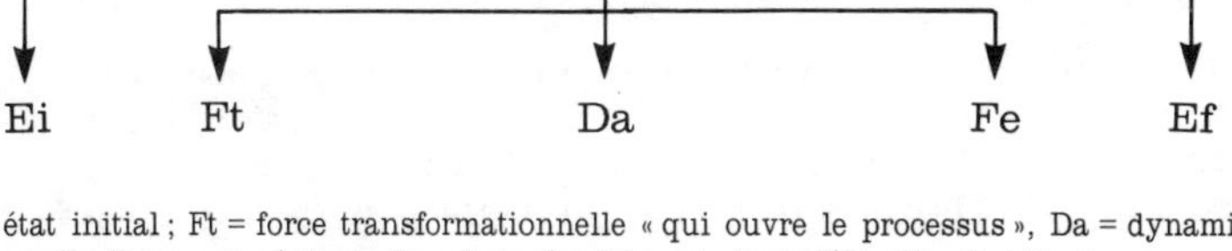

Ei = état initial ; Ft = force transformationnelle « qui ouvre le processus », Da = dynamique actionnelle (force qui réalise) ; Fe = force équilibrante (qui clôt) ; Ef = état final.

Mais, au-delà du récit, pour les autres types de textes, les travaux des linguistes sont moins avancés.
Or, nous, ce qui nous intéressait, c'était d'avoir un outil conceptuel, utilisable par les maîtres et par les enfants, aussi bien pour la lecture que pour la production de textes de tous types. Nous sommes donc repartis des définitions de Van Dijk :
« Les superstructures sont des principes d'organisation du discours. Elles ont un caractères hiérarchique définissant grossièrement la « syntaxe globale » du texte (...). Les superstructures narratives sont conventionnelles : les règles de production des récits appartiennent à notre connaissance générale de la langue et de la culture, connaissance que nous partageons avec les membres de la communauté à laquelle nous appartenons » (22).

Nous nous sommes autorisés à extrapoler :
— en utilisant pour la production de texte ce que Van Dijk a dégagé pour la compréhension des récits,
— en cherchant une schématisation du texte assez générale pour convenir à tous les types d'écrits sociaux que nous avions l'intention de travailler avec les enfants.

Dans la « trame de préparation du maître » présentée plus haut page 16, nous avons donc désigné, sous le terme de superstructure, deux aspects convergents, susceptibles d'être perçus et utilisés par les enfants :
— la *silhouette* d'un texte, c'est-à-dire la répartition spatiale et la fonction des blocs de texte qui le constituent (voir, au chapitre 4, la « silhouette » d'une lettre de demande, d'une règle du jeu ou d'un compte rendu),
— complétée par la notion de *dynamique interne* d'un texte, limitée à trois aspects : l'ouverture du texte, sa clôture, et — menant de l'une à l'autre — sa logique d'organisation (informations hiérarchisées ? chronologie ? progression sémantique ? autre ?).

L'expérience montre, à l'épreuve des divers chantiers que nous avons menés (voir chap. 4), que ces deux facettes d'une conception globale des textes, d'un « schéma global préconstruit » (25), à la fois commun à tous les textes relevant d'un même type d'écrit, (ce qu'il y a de commun entre une recette de tarte aux pommes et une recette de gâteau au yaourt) et distinguant les types d'écrits entre eux (le récit de la règle du jeu, ou du poème, par exemple), que les deux aspects d'un texte que nous identifions sous le terme de superstructure, sont très opératoires, et pour les maîtres et pour les enfants ; ils sont un outil essentiel pour se représenter un texte et pour le produire.

Dans une stratégie de production, pour les enfants, et dans une stratégie didactique, pour le maître, ils constituent la deuxième étape incontournable du processus de planification de la mise en texte, et ils se révèlent être un tremplin puissant pour la suite des opérations.

5. Grammaire de texte

Comment un texte « avance »-t-il, progresse-t-il, comme dirait Bernard Combettes (26) ? Comment des structures de langue sont-elles liées aux structures d'un texte, à sa superstructure ?

De la diversité des points de vue des linguistes sur cette réalité complexe, nous avons retenu les aspects qui nous ont paru immédiatement opératoires d'un point de vue pédagogique. (Voir plus haut la « trame de préparation » et son utilisation dans chacun des chantiers du chapitre 4) :

• **Les choix pertinents à faire** et à expliciter pour chaque type d'écrit considéré :
— Énonciation (27) :

texte avec *je* (ou *nous*) ou *non-je* ?
texte avec *tu* (ou *vous*) ?
texte avec *il* seulement ?
ici-et-maintenant ou là-et-alors ?

— Le système des temps :

articulé autour du présent ?
ou imparfait / passé composé ?
ou imparfait / passé simple ?
le rôle des adverbes de temps.

Ces choix sont-ils maintenus avec cohérence (28) d'un bout à l'autre du texte ?

• **Les enchaînements :**
— Les substituts ou anaphoriques : comment, d'une phrase à l'autre, sont désignés les personnages, les éléments qui ont été une première fois nommés ? *(ils ? ces derniers ? les joueurs de l'équipe A ?).*
— Les connecteurs : quelle utilisation des conjonctions ?
connecteurs d'enchaînement chronologique *(d'abord, ensuite, enfin),*
connecteurs de relation de cause à effet *(ainsi, donc),*
connecteurs de rupture *(tout à coup, mais, cependant).*
(Voir chantier « nouvelle »).

• Mais nous avons aussi trouvé utile d'emprunter à Jakobson (2) la notion de **fonction dominante organisatrice du langage,** quitte à mettre cette expression au pluriel quand on en rencontre plusieurs au cours d'un texte.
Nous avons retenu la possibilité de voir le langage s'organiser à partir d'une centration sur :
— l'énonciateur : fonction expressive ou émotive,
— le destinataire : fonction incitative,
— le référent : fonction informative, descriptive, explicative, narrative, selon les cas,
— le message lui-même, ses structures et ses effets : fonction poétique,
— la langue et le texte :
fonctions métalinguistique, métatextuelle, métacommunicative (29).

Quant à la grammaire de phrase, et autres microstructures de la langue, c'est celle qui était la plus familière à tous... Nous avons cherché, cependant, pour chaque type de texte, s'il était propice à une fréquence d'emploi de structures particulières. On en trouvera des exemples dans les chantiers du chapitre 4.

NOTES BIBLIOGRAPHIQUES

1. La situation de production et sa caractérisation par l'énonciateur

(1) J.M. DOUTRELOUX, « Vers une modélisation de la communication pédagogique », *Langue française,* n° 70, mai 1986.
(2) R. JAKOBSON, *Essais de linguistique générale,* Collection Points, Seuil, 1963.
(3) M. BAKHTINE, *Le marxisme et la philosophie du langage,* Éditions de Minuit, 1977, p. 123.
(4) W. LABOV, *Sociolinguistique,* Éditions de Minuit, 1976.
D. HYMES, « Foundations in sociolinguistics, an ethnographic approach », *in Language and Communication,* publié par E. Goffman et D. Hymes, University of Pennsylvania Press, Philadelphie.
E. GOFFMAN, *La mise en scène de la vie quotidienne,* Éditions de Minuit, 1973.
C.B. CAZDEN, « La situation : une source négligée des différences entre classes sociales dans l'utilisation du langage », traduit en français par M. Lacoste, publié par l'U.E.R. de Sciences de l'expression et de la communication, Université de Paris XIII, 1977.
(5) CH. BACHMAN, J. LINDENFELD et J. SIMONIN, *Langage et Communications sociales,* Crédif-Hatier, 1981.
(6) P. BOURDIEU, « L'économie des échanges linguistiques », *Langue française,* n° 34, mai 1977.

2. Production de textes — Processus de mise en texte

(7) M. FAYOL, « L'approche cognitive de la rédaction : une perspective nouvelle », *Repères,* n° 63, mai 1984.
(8) Colloque de l'Association internationale pour le développement de la recherche en didactique du français langue maternelle (DFLM), Namur, septembre 1986. Thème : « Apprendre/Enseigner à produire des textes écrits ». Compte rendu au siège de la DFLM, 10, rue Molitor, 75016 Paris.
(9) J.R. HAYES et L.S. FLOWER, « Identifying the organization of writing processes » *in Cognitive processes in writing,* publié par Gregg Steinberg, Lawrence Erlbaum Ed., New York, 1980.
(10) CL. GARCIA-DEBANC, *Pratiques,* n° 49, mars 1986, numéro consacré entièrement aux « activités rédactionnelles ».
(11) B. SCHNEUWLY, « Construction sociale du langage écrit chez l'enfant », *Vygotsky aujourd'hui,* Delachaux-Niestlé, 1985.

3. Textes et types de textes

(12) J.P. BRONCKART, *Le fonctionnement des discours,* Delachaux-Niestlé, 1985.
(13) J.M. ADAM, *Le récit,* Que sais-je, n° 2149, P.U.F., 1984.
J.M. ADAM, *Le texte narratif (précis d'analyse textuelle),* Nathan.
(14) M. FAYOL, *Le récit et sa construction (une approche de psychologie cognitive),* Delachaux-Niestlé, 1985.
(15) G. DEHNIÈRE, *Il était une fois... (compréhension et souvenir de récits),* Presses Universitaires de Lille, 1984.

Adresses des revues citées
(16) *Repères,* I.N.R.P., 29, rue d'Ulm, 75005 Paris.
(17) *Pratiques,* 8, rue du Patural, 57000 Metz.
(18) *Le français d'aujourd'hui,* 19, rue des Martyrs, 75019 Paris.
(19) *Langue française,* Larousse, 17, rue du Montparnasse, 75006 Paris.
(20) *Études de linguistique appliquée,* Didier, 6, rue de la Sorbonne, 75005 Paris.
(21) Voir plus haut, note 8.

4. Superstructure ou schéma typologique

(22) T.A. VAN DIJK, « Macrostructures sémantiques et cadres de connaissances », *Compréhension du discours,* 1977, inclus dans G. Dehnière, *Il était une fois...* (voir note 15).
Voir aussi : L. SPRENGER-CHAROLLES, « Le résumé de texte », *Pratiques,* n° 26, mars 1980.
(23) T. TODOROV, *Poétique,* Collection Points, Seuil, 1973.
(24) P. LARIVAILLE, « L'analyse (morpho)logique du récit », *Poétique,* n° 19, 1974.
(25) J.M. ADAM, *Le récit,* Que sais-je, n° 2149, P.U.F., 1984.

5. Grammaire de texte

(26) B. COMBETTES, *Pour une grammaire textuelle. La progression thématique,* Duculot, 1983.
B. COMBETTES, Bâtir une grammaire. *Livres du maître (6e, 5e, 4e et 3e),* Delagrave.
(27) D. MAINGUENEAU, *Approche de l'énonciation,* Hachette Université, 1981.
(28) M. CHAROLLES, « Grammaire de textes. Théorie du discours. Narrativité », *Pratiques,* n° 11/12, novembre 1976.
M. CHAROLLES, « Enseignement du récit et cohérence des textes », *Langue française,* n° 38, mai 1978.
(29) « Activités métalinguistiques et métadiscursives chez l'enfant de 6 à 11 ans », *Études de linguistique appliquée,* Didier, n° 62, avril/juin 1986. Voir, en particulier, l'article de mise au point de J.E. GOMBERT, « Le développement des activités métalinguistiques chez l'enfant : le point de la recherche ».

2. Nos choix pédagogiques

1. DES ENFANTS ACTIFS DANS UN MILIEU QU'ILS GÈRENT (1)

« À l'école, l'écrit n'est qu'un élément d'un milieu de vie complexe. Quelle activité peuvent avoir les enfants à l'égard de l'écrit s'ils n'ont ni questionnement ni pouvoir d'intervention sur le reste de leur milieu de vie ? Ce qui est premier pour nous, c'est le choix du milieu de vie dans lequel les adultes font vivre les enfants à l'école : quel sens ont en effet, pour chaque enfant, les six heures par jour (au minimum) qu'il passe à l'école ? Quel sens pour tout de suite, et pas seulement pour plus tard ? »

Notre hypothèse de travail fondamentale

« C'est dans la mesure où l'on vit dans un milieu sur lequel on peut agir, dans lequel on peut — avec les autres — discuter, décider, réaliser, évaluer... que se créent les situations les plus favorables à l'apprentissage. À tous les apprentissages, pas seulement à celui de la lecture (2). Et ceci est valable pour tous, adultes compris » (1).
Notre démarche ne peut s'inscrire efficacement que dans le cadre de classes coopératives où la pédagogie de projets entraîne l'activité. Il faut que les enfants venant à l'école puissent y travailler dans un lieu chargé de sens pour eux et puissent s'engager dans leur propre apprentissage (au lieu d'y subir un enseignement).
De plus, la pédagogie de projets permet de vivre dans une école ancrée sur le réel, ouverte sur de multiples relations avec l'exté-

(1) En citant ici notre ouvrage précédent, *Former des enfants lecteurs* (p. 10), nous souhaitions souligner la permanence de ce choix, qu'il s'agisse d'apprendre à lire ou à produire des textes.
(2) Ici, on dirait « production de texte ».

rieur : les enfants y travaillent « pour de bon » (3) et ils ont les moyens de s'affirmer. Cette pratique leur permet :
— de ne plus dépendre seulement des choix de l'adulte,
— de décider et de s'engager après avoir choisi,
— de se projeter dans le temps en planifiant leurs actions et leurs apprentissages,
— d'assumer des responsabilités,
— d'être acteurs de leurs apprentissages, en produisant quelque chose qui a un sens et une utilité.

2. LES DIFFÉRENTES SORTES DE PROJETS

Dans ces projets, l'enfant n'éxécute plus passivement :
— il connait les objectifs,
— il apprend à planifier son travail qui va s'étendre sur plusieurs séances,
— il va produire un type de texte identifié dès le départ,
— il s'engage personnellement dans l'écriture,
— il a besoin du groupe-classe pour confronter et améliorer sa production.
Pour mieux cerner les objectifs des situations et des activités mises en place dans nos classes, nous avons été amenés à distinguer **trois types de projets** (voir plus loin quelques exemples classés) :

Les projets de vie quotidienne de la collectivité-classe

Le fonctionnement du groupe-classe est essentiel. Il est basé sur des structures permettant aux enfants de prendre en main l'organisation de la vie collective. Le conseil de classe (avec ses réunions régulières) est un lieu de construction des pouvoirs authentiques des enfants ; ils s'y forment à la responsabilité tout en l'exerçant. Ainsi, ils s'expriment, choisissent, vivent et assument les conflits, partagent les responsabilités, apprennent à écouter les autres, deviennent autonomes.

De plus, les comptes rendus de réunions, les listes de responsabilités, l'élaboration d'un affichage des règles de vie, les plans de répartition du travail, etc., sont des exemples de production d'écrits en situations réelles.

Les projets-entreprises

Ce sont des projets d'activités complexes autour d'un but précis d'une certaine ampleur : réaliser une enquête, organiser une

(3) Cf. *Parler, écrire « pour de bon » à l'école,* ouvrage du GFEN, coordonné par un collectif, dont J. Jolibert, Casterman 1975.

kermesse, une exposition, écrire un recueil de nouvelles pour le diffuser à d'autres classes, à des adultes ou le proposer à un éditeur, etc.
Tous ces projets concernent la collectivité que forme le groupe-classe (et les parents chaque fois que c'est possible) ; les activités scolaires n'y sont ni morcelées, ni artificielles, les activités d'écriture sont fonctionnelles et propices aux apprentissages.
La production écrite n'est plus un exercice « scolaire » consigné dans un cahier : elle devient une nécessité et une activité réelle.

Les projets compétences/connaissances

L'école n'est plus le lieu d'une transmission de connaissances par l'enseignant à des enfants recevant un enseignement. Pour les mobiliser, il faut qu'ils sachent ce qu'ils ont à faire et pourquoi. Sous forme d'affiche ou de feuilles polycopiées, le maître met à la portée des enfants les contenus des « Programmes et Instructions » qu'il a classés et simplifiés pour les enfants. Au fur et à mesure du déroulement d'un chantier, chacun coche ce qui a été abordé. Ceci permet au maître et à l'enfant de faire rapidement le point sur les acquis et sur ce qui reste à faire.

3. UNE PRODUCTION NÉE DE LA VIE DE LA CLASSE ET LA NOURRISSANT

Ces trois types de projets débouchent sur la nécessité de produire des textes. À titre d'exemple, voici quelques écrits découlant de projets. (Voir tableau page suivante.)

Les enfants écrivent en situation vraie, c'est-à-dire ne produisent plus d'écrits de simulation du type « Imagine que tu écrives à un ami ». Le projet d'écriture existe et peut devenir un projet de chantier (voir chap. 3).

4. QUELLES DÉMARCHES D'APPRENTISSAGE ?

Dans ce contexte, il s'agit non seulement de produire chaque fois le texte adapté à une situation donnée mais aussi d'apprendre à le produire, de telle sorte qu'ensuite chaque enfant puisse mobiliser ses compétences de façon autonome et les transposer à des situations nouvelles. Or, on n'apprend pas à écrire à un enfant, c'est lui qui s'apprend à écrire (avec notre aide et celle de ses pairs).
Chaque enfant a son cheminement propre ; il faut qu'il vive des démarches d'apprentissage lui permettant à la fois d'avoir des repères constants et de se construire ses propres compétences.

DANS LE CADRE DE...			TYPE DE TEXTE FAVORABLE A
TYPES DE TEXTE	**PROJET DE VIE QUOTIDIENNE**	**PROJET-ENTREPRISE**	**PROJET CONNAISSANCES/COMPÉTENCES** en relation avec les programmes et instructions
AFFICHE	• Appel au sens des responsabilités : « laisser les classes et la cour propres » ; « ne pas gaspiller l'énergie »	• Kermesse pour partir en classe verte • Loto • Exposition • Spectacle • Fête • Ramassage de vieux papiers, etc.	• Choix du type de texte • Choix des informations à donner, des mots, des formes des verbes • Choix des caractères typo. • « amélioration de la qualité technique », etc. (1)
COMPTE RENDU	• Des réunions coopératives de la classe (pour la mémoire du groupe et comme contrat pour répartition des tâches, délais, etc.)	• Visite d'un musée • Production d'une revue scientifique destinée aux autres classes • D'une classe transplantée pour informer les parents, etc.	• Choix du type de texte • « Pratique de la composition écrite (plan, articulation des idées, organisation en paragraphes ») (1) • Grammaire du texte • Grammaire de phrase • Vocabulaire spécifique, etc.
POÈME	• Pour le plaisir, pour dire aux autres ou mettre sur les murs	• Production d'un recueil de poèmes • Spectacle poétique	• Choix du type de texte • « Création poétique, adoption libre de contraintes » (1) (structures, rimes, rythmes, etc.)
LETTRE	• Echanges divers avec parents, avec un camarade malade, etc.	• Demandes diverses • Remerciement • Expression de soi (pour ses correspondants) • Annonce • Information, etc.	• Choix du type de texte • Grammaire, orthographe, conjugaison, vocabulaire, etc.

(1) termes tirés des Programmes et Instructions de 1985.

• **C'est en faisant que l'on apprend à faire.**
C'est d'abord en écrivant que l'on apprend à écrire (et en confrontant avec ses lectures et en systématisant ses découvertes).
Conception renversée par rapport à celle qui consiste à penser que, pour être efficace, il faut d'abord inculquer des savoirs métalinguistiques (vocabulaire, grammaire, orthographe) pour permettre en fin de parcours à l'enfant d'accéder au pouvoir d'écrire.

• **La pédagogie de la « tâche »** nous paraît être la plus efficace pour permettre à chacun de se construire une stratégie d'enfant-écrivant.
Pour le maître et les enfants, il est primordial de définir les composantes de la tâche :
— *Son but :* quelle est la tâche que l'on a à faire ? C'est-à-dire définir ensemble (maître et groupe-classe) la tâche d'écriture nécessaire pour mener à bien un projet, ce qui entraîne le choix du type de texte selon les besoins et les impératifs de la situation de communication.
— *Ses étapes successives :* quelles sont les opérations à mener ? Comment répartir la tâche en sous-tâches (cf. aux chapitres 3 et 4, le déroulement d'un chantier : premier jet, réécriture, production finale), quelle gestion du temps ?...
Quels outils à construire ? pour le maître ? pour les enfants ?
— *Ses aspects interactifs :* quel rôle individuel ? Rôle des petits groupes ? Quelles relations maître/enfant/groupe-classe ?
— *Son évaluation, ses critères de réussite :* le produit fini est-il conforme à la tâche que l'on s'est donnée et que l'on a définie ? La situation de communication fonctionne-t-elle ? (Voir les chantiers du chapitre 4.)

• **Ce sont les enfants qui coélaborent leurs connaissances, leurs outils. Que fait le maître ?**
— il crée des situations ou s'en saisit ;
— tout comme les enfants, il planifie, cherche (et trouve...), se construit des stratégies ;
— il détermine des objectifs opératoires ;
— il s'appuie sur les acquis des enfants pour construire ;
— il tire parti des sollicitations des autres disciplines ;
— il indique les sources d'information ;
— il favorise l'autonomie des enfants dans une tâche, par rapport à l'adulte ; il facilite les échanges entre enfants ;
— il construit des aides, des outils facilitateurs ;
— bref, il mène les chantiers (voir chap. 3).

• Une fois ce travail mis en place et réalisé, il est indispensable d'avoir des **critères clairs et précis pour évaluer.**
Au lieu d'une correction-contrôle de type sommatif, les critères définis au cours des chantiers s'inscrivent dans une évaluation de type formatif ayant pour objectif l'amélioration des écrits produits et le réinvestissement efficace, dans d'autres situations, et par conséquent, dans d'autres types de texte (voir chap. 3 et 4).

3. Travailler par chantiers

QU'EST-CE QU'UN CHANTIER ?

Nous l'avons défini comme un *module d'apprentissage.*
Son organisation et sa démarche doivent permettre que chacun, maître et enfant, ait des repères pour se situer, ait prise sur les aspects précis à travailler, sur les acquis et les manques, sur les outils et les stratégies à élaborer, etc.

Chaque chantier est *centré sur un type de texte.*
Ainsi, on parlera d'un chantier « lettre de demande » ou d'un chantier « nouvelle ». Le chapitre 4 présente huit chantiers, correspondant à huit types de textes que nous avons travaillés dans nos classes.

Un chantier est un travail *dans la durée.*
Il comporte de nombreuses séances, chaque fois ciblées avec précision et non interchangeables. Selon le type de texte travaillé, et selon les disponibilités ou les urgences des classes, ces séances peuvent se ramasser sur deux jours ou sur une semaine, ou, au contraire, s'étaler sur un mois, sur un trimestre (la nouvelle) ou même sur l'année entière (poèmes).

Un chantier engage la totalité d'une classe dans un *projet d'apprentissage.* Il vise à créer la plus grande individualisation possible de la construction des compétences en sollicitant les acquis et l'esprit de recherche de tous.

Nous avons dégagé une **démarche commune** pour tous les chantiers, c'est-à-dire pour tous les types de textes que les enfants doivent apprendre à écrire.

Partant du point où en est chaque enfant, cette démarche vise à l'amener à produire un *texte pertinent* le plus abouti possible et plus encore, à élaborer avec lui une *stratégie* et des *outils* réinvestissables dans d'autres situations (voir page suivante).

Ces chantiers d'apprentissage ne sauraient donc, pour des raisons différentes, être confondus :
— ni avec des ateliers d'écriture au sens le plus généralement donné à ce terme,
— ni avec un chapitre de manuel nouveau où on enseigne à écrire un conte ou une recette par une série d'exercices.

L'ensemble sera sans doute plus net lorsque nous aurons présenté plus précisément ces chantiers.

LA DÉMARCHE GÉNÉRALE DES CHANTIERS

Le schéma ci-contre tente de rendre compte de la démarche générale que nous avons retenue pour les chantiers, après tâtonnements et mise à l'épreuve dans les classes. Dans le détail des chantiers présentés au chapitre 4, on pourra voir que cette démarche prend des formes diverses en fonction à la fois du type de texte travaillé, de la vie propre de chaque classe, des interférences possibles avec les chantiers précédemment menés dans une même classe, etc. Néanmoins, on y retrouvera toujours les trois options pédagogiques suivantes :

• une alternance entre phases d'écriture et de réécriture (3-5-7) et phases d'analyse et de systématisation (2-4-6),
• le choix délibéré que l'activité soit individuelle lors de l'écriture, collective (groupe-classe ou petits groupes) pour les autres phases, métalinguistiques,
• un emboîtement gigogne distinguant, dans le temps, les niveaux de travail linguistique (voir chap. 1) :
— d'abord les paramètres de la situation de production écrite,
— puis la superstructure du type du texte choisi (schéma typologique ou « silhouette ») et sa dynamique d'ensemble,
— puis les choix d'énonciation et leur cohérence et les autres aspects de la grammaire du texte (connecteurs, cohérence et pertinence sémantiques),
— en dernier seulement, ce qui reste à travailler en grammaire de phrase, morphologie verbale (« conjugaison »)
— et, en tout dernier, quand tout le reste est réglé, toilettage orthographique.

On trouvera peut-être bien rigides et artificielles ces distinctions de plans : dans la réalité d'une production, la mise en texte est autrement plus complexe et les divers niveaux plus impliqués et

DÉMARCHE GÉNÉRALE D'UN CHANTIER conçu comme module d'apprentissage

1

Pour les enfants :
Projet de classe → Projet d'écriture → Projet de chantier.

Pour le maître :
Préparation minutieuse du chantier à l'aide de la trame.

2

Cerner les *paramètres de la situation de production*
(Échange oral - groupe-classe ou petit groupe - ou préparation par quelques notes écrites).

3

Premier jet individuel. *

4

Dégager les *caractéristiques globales du type de texte* travaillé par le biais de confrontations
— entre les premiers jets de la classe (et leur analyse par le maître pour lui-même),
— avec des écrits sociaux de même type*.
→ • **Outils** de formalisation de la *superstructure* (silhouette - schéma typologique - étiquettes).
• Choix *d'énonciation*

5

Réécriture(s) partielle(s) ou globale(s)

↔

6

Activités de *systématisation linguistique*
(grammaire de texte, grammaire de la phrase, lexique, morphologie verbale, éventuellement orthographe).
→ **Outils** récapitulatifs.

7

Production individuelle finale :
— maquette,
— « chef-d'œuvre »,
et envoi au(x) destinataire(s).

8

Évaluation

• pragmatique :
— des camarades,
— réactions du destinataire.

• systématique :
— auto-évaluation par chaque enfant,
— du maître
pour chaque enfant,
pour l'ensemble de la classe.

↓

Situations de réinvestissement, transfert, complexification.
Travail de nouvelles variables, élaboration de nouveaux outils.

* L'ordre chronologique de ces deux phases peut varier selon le type de texte considéré, selon la vie propre de chaque classe et selon ce qui a déjà été travaillé antérieurement.

interactifs ! Certes, mais un chantier ne prétend pas calquer les va-et-vient subtils d'une production de texte élaborée ; rappelons qu'il s'agit d'un module d'*apprentissage*.

Pour un enfant qui a du mal à gérer tous les niveaux à la fois, lui permettre de centrer son attention *successivement* sur les divers plans à considérer est une aide incontestable. De plus, savoir isoler des variables et hiérarchiser des objectifs fait partie précisément des compétences que doit acquérir chaque enfant.
Le but, rappelons-le, est qu'il se construise une **stratégie** de production au lieu d'en rester à une poussière d'acquis éclatés, peu opératoires.
Examinons maintenant les principales phases de ces chantiers.

1. Les assises d'un chantier

• Pour les enfants, un enjeu réel

Un chantier n'a de chances d'être efficace et mené jusqu'au bout, sans fatique et sans ennui, que s'il a du sens pour les enfants, c'est-à-dire s'il vient s'inscrire au point de rencontre de trois types de projets :
— *projet de classe* (« on va faire »...) appartenant le plus souvent à la catégorie des projets-entreprises (voir chap. 3) ;
— *projet d'écriture* qu'il peut engendrer (« pour cela, on va faire une affiche » ou « il faudra faire un compte rendu ») ;
— enfin, pour qu'il y ait chantier, il faut qu'il y ait un *projet d'apprentissage, explicite pour tous* (et pas seulement pour le maître) : « On va en profiter pour apprendre à faire une affiche, un compte rendu », etc.

N.B. : Tout écrit à produire ne donne pas lieu à un chantier ! Il s'écrit dans la classe — quotidiennement et hebdomadairement — beaucoup plus de textes qu'il ne s'en travaillera en chantiers. Notre hypothèse, que l'expérience confirme, est que le travail systématique, réalisé dans les chantiers, se répercutera sur l'écriture quotidienne et, en même temps, s'en nourrira.

• Pour le maître, une préparation rigoureuse

— Sur le plan linguistique, à l'aide de la **trame** présentée à la fin du chapitre 1, p. 16. Pour chacun des types de textes travaillés en chantier, on trouvera une trame complétée, en vis-à-vis de la première démarche analysée (chap. 4).
— Sur le plan pédagogique, à l'aide du **schéma de démarche** de la page précédente dont nous allons maintenant expliciter les principales autres phases.

2. Cerner les paramètres de la situation de production

C'est une entrée dans l'activité indispensable, *avant* que les enfants ne s'emparent de papier pour commencer à écrire. C'est l'étape première de toute stratégie de production de textes et donc c'est un apprentissage à mener avec exigence, jusqu'à ce que cela

devienne un automatisme pour chaque enfant (« À qui exactement je m'adresse ? pour quoi ? », etc.).
Cela recouvre les cinq paramètres (présentés au chapitre 1) :
— destinataire (et relations à parité ou non avec l'énonciateur),
— statut de l'énonciateur,
— but de l'écrit à produire,
— enjeu de l'écrit à produire,
— objet précis de l'échange.

L'enjeu de cette phase est que les enfants perçoivent bien la relation de dépendance entre ces éléments et les textes produits. Pour être plus précis, il faut non seulement que les enfants perçoivent la relation situation/texte mais qu'ils se construisent comme des *concepts* les cinq paramètres en question (et le concept de paramètre également).
C'est assez dire qu'il ne saurait être question de remplacer cette phase d'exploration des paramètres par un cours, suivi d'exercices d'application...
Au début, pour les enfants non entraînés, il faut littéralement imposer ce temps de réflexion préalable, car la tentation est forte de passer tout de suite à l'écriture. Mais on s'aperçoit assez vite qu'il n'est plus nécessaire, pour le maître, d'avoir une attitude questionnante minutieuse, et qu'il lui suffit d'animer un échange oral plus libre entre enfants sur ces éléments de la situation.

Entre temps, on a fait ensemble l'inventaire de ces paramètres déterminants, sous la forme d'un tableau récapitulatif de « questions à se poser avant d'écrire » et on a installé cet inventaire sur le mur et sur une feuille polycopiée qui ira dans les dossiers de chantier. C'est le premier **outil** que l'on élabore ensemble.

Au début, il prend des formes simples :
• À qui j'écris ?
• Dans quel but exactement ?
• Quel est l'enjeu (= qu'est-ce qui risque de se passer si mon texte ne convient pas ?)
• Qu'est-ce que j'ai à dire ? Qu'est ce que je veux dire, exactement ?

Puis le tableau se précise, en particulier sur le *statut* de l'énonciateur et du destinataire :
• Destinataire(s) :
— Quelle est exactement sa fonction ? (voir chantier « lettre de demande »).
— Y a-t-il un seul ou plusieurs destinataires ?
• Moi comme énonciateur :
À quel titre c'est moi qui écris ?
— En mon nom personnel ? comme délégué de ma classe ?
— Parce que j'ai une compétence qui mérite d'être transmise (cf. « recette » ou « règle de jeu ») ?
— Parce que j'ai envie de faire lire ce que j'écris (« nouvelle », « poème ») ?
• Relation entre le destinataire et moi :
— Est-ce qu'on est des pairs ?
— Dans quel sens cela peut-il jouer ?

Une dernière précision concernant la séance de lancement d'un chantier : prendre garde de ne pas brûler les étapes ; cette séance (ou plutôt ce début de séance, qui précède le premier jet) est bien centrée sur les paramètres de la *situation* et non sur les caractéristiques qui peuvent en découler pour le *texte* lui-même ; il faut laisser ce cheminement se faire pour chaque enfant lors de l'étape suivante, le premier jet individuel. Naturellement, si des caractéristiques du texte sont énoncées dès cet échange oral, le maître laisse venir. Mais à cette étape du chantier, il reste neutre sur cette question, et la renvoie à la classe : « Qu'en pensez vous ? On verra tout à l'heure (lors de la phase de confrontation) comment chacun s'y est pris. »

3. Premier jet individuel

Dans cette démarche des chantiers, un premier jet n'est pas un brouillon.
La consigne est du type « Chacun produit un texte — selon les cas une affiche, une règle de jeu, une lettre, etc. — qui ressemble le plus possible au texte dont nous avons besoin pour notre projet. Vous choisissez votre papier. Vous avez telle durée pour cette réalisation ».
On voit que ce que nous appelons premier jet inclut des aspects généralement non présents dans un simple brouillon (1) :
— la mise en page (en particulier l'existence et la place relative des blocs de texte sur la page),
— le choix du matériel (au moins le format du support et l'outil scripteur),
et surtout, la signification en est différente : dans le premier jet, chaque enfant sait qu'il investit « tout ce qu'il sait faire » à un moment donné (le début du chantier) compte tenu de l'analyse intuitive ou explicite qu'il fait de la situation et des caractéritiques du texte à produire (sous quelle forme ça parviendra au(x) destinataires(s) ?).
Les premiers jets sont donc des *ébauches complètes,* poussées le plus loin possible par chaque enfant et non de simples débroussaillages partiels.

On comprendra mieux peut-être pourquoi, aux deux extrémités d'un chantier, départ et arrivée, nous avons choisi qu'il y ait une écriture individuelle.

Écrire est une démarche toute personnelle, un processus complexe qui articule ces aspects éminemment personnels que sont la représentation, la mémoire, l'affectivité, l'imaginaire, etc. Personne ne peut dispenser un enfant de cette activité, de cet apprentissage et en définitive de cette alchimie propre.

---

(1) Notons cependant l'intérêt du travail de linguistes réhabilitant les brouillons : au lieu d'aller finir tristement à la poubelle, ils deviennent dignes d'attention et d'étude comme traces d'un travail. Voir, en particulier, Claudine Fabre : « Des variantes de brouillon au cours préparatoire », dans « Activités métalinguistiques et métadiscursives chez l'enfant de 6 à 10 ans », *Études de linguistique appliquée,* n° 62, avril-juin 1986.

La mode du travail en groupe ne nous l'a-t-elle pas fait un peu oublier ?

Naturellement, dire ceci n'implique pas que l'on renonce à toutes les confrontations, discussions, aides, critiques, suggestions des autres.

Au contraire, nous faisons jouer à plein la dimension « socio » : les confrontations, les contradictions à lever, tous les titillements de l'intelligence et de l'affectivité naissant dans le travail collectif. Mais nous le réservons aux phases « méta » (analyse et systématisation du fonctionnnement des textes et de la langue) ou aux temps de réécriture partielle où tâtonnements et reformulations à plusieurs jouent le rôle d'activation pour les cheminements personnels.

Cela ne signifie pas non plus que l'on n'écrit jamais à plusieurs dans nos classes ; nous avons dit plus haut qu'on écrit en permanence, tous les jours, hors chantiers et il arrive assez fréquemment qu'on y produise des textes à deux ou trois. Mais généralement pas au cours d'un chantier d'apprentissage, sauf cas particulier.

Un autre argument nous semble jouer en faveur de l'écriture individuelle : chaque enfant a besoin de savoir où il en est dans ses apprentissages, d'avoir des repères sur ses acquisitions et ses progrès, bref de s'auto-évaluer. Le fait que premier et dernier jets soient individuels va permettre ces diverses évaluations :

- Après le premier jet chaque enfant est en mesure, dès la confrontation avec les premiers jets de ses camarades, de faire un inventaire sommaire, du type « j'ai fait ou j'ai mis / j'ai oublié ou je n'ai pas pensé à ».
- Après la production finale, par confrontation avec son premier jet, chaque enfant est en mesure de cerner ses progrès, et les acquis qu'il lui reste à consolider.
- Le maître, de son côté, a besoin de savoir où en est chaque enfant au début d'un chantier et d'ajuster le déroulement du chantier aux acquis et aux manques que lui révèle son analyse personnelle des premiers jets (analyse faite au moyen des rubriques de la trame de préparation). Il se peut que, dans l'ensemble ces premiers jets correspondent *grosso modo* à ce qu'il avait envisagé ; mais c'est aussi le temps des surprises et le lieu où s'expriment les différences. Un temps à ne pas gommer.

4. Confrontations pour dégager les caractéristiques globales d'un type de texte

C'est une phase d'analyse, d'élaboration progressive et de systématisation des caractéristiques du type de texte travaillé, considéré comme découlant à la fois des paramètres de la situation de production et d'habitudes sociales.

Elle est centrée sur deux niveaux d'analyse du texte, considéré comme une globalité (2), c'est-à-dire :

(2) Rappelons que ce n'est pas le moment de se disperser dans le travail sur les microstructures, syntaxiques, orthographiques ou autres.

— la superstructure,
— les aspects les plus apparents de la grammaire de texte : les choix énonciatifs et leur cohérence, les choix et la cohérence sémantiques.

• Confrontation entre tous les premiers jets de la classe

C'est une étape essentielle pour chaque enfant qui peut ainsi :
— vérifier s'il a bien pris en compte les éléments de la situation et comment ont fait ses camarades,
— s'interroger, face aux contrastes et contradictions, sur les caractéristiques essentielles du type de texte travaillé.

Qu'il s'agisse d'une confrontation à l'échelle de la classe ou en groupes restreints, le but est toujours :
— de rechercher ce qui est pareil dans ces premiers jets et pourquoi,
— de rechercher ce qui n'est pas pareil et pourquoi,
— d'expliciter la raison des choix qui sont faits, tant dans la mise en page et la répartition des blocs de texte sur la page, que dans la présence ou l'absence de *je* dans le texte ou dans le choix du système des temps au présent ou au passé.

Les modalités de cette confrontation sont diverses. Elles vont de la discussion collective (après affichage de tous les premiers jets et consultation par tous) à l'évaluation par petits groupes du texte d'un camarade, à l'aide d'une fiche-guide donnée par le maître. (Voir les détails des chantiers au chapitre 4.)

Quoi qu'il en soit, on garde des traces (sous forme d'inventaire classé) de toutes ces remarques sur une grande feuille ; puis on va voir comment sont résolus les problèmes analogues chez les « experts », c'est-à-dire dans les écrits sociaux de même type que l'on a sous la main ou que l'on peut se procurer.

• Confrontation avec les écrits sociaux : lire pour écrire.

Il s'agit de rien moins que d'arracher aux textes existants les secrets de leur spécificité et de leur fonctionnement : une lettre de demande, une règle du jeu, une affiche d'invitation, une nouvelle, comment ça se présente ? comment ça fonctionne ? comment c'est fabriqué ? (3).

Il ne s'agit pas d'une simple imprégnation diffuse, ni d'un vague « bain d'écrit » à quoi on réduit trop souvent la relation du *lire/écrire*. Le maître recherche plutôt une observation systématique visant à dégager des règles de fonctionnement :
— Quels sont les blocs de texte, quelle est leur fonction ?
— Quel est l'ouverture du texte, quelle est sa clôture et comment progresse-t-il de l'une à l'autre ?
— Texte avec *je* (ou *nous*) ou sans *je* ?

---

(3) Pour les enfants qui n'apprennent plus à lire par déchiffrement et syllabation mais par approche globale des textes avec recherche d'indices pertinents (voir *Former des enfants lecteurs*), il y a là convergence remarquable dans la manière d'aborder un texte, pour le produire comme pour le lire.

— Temps des verbes ? Quel système forment-ils ?
— Quel registre de langue ? Quel vocabulaire spécifique ?
— Quelle tonalité du texte ? neutre ? accrocheur ? drôle ?
— etc.

L'enjeu de cette phase se situe toujours à trois niveaux :
• que les enfants soient en mesure de produire un texte analogue,
• qu'ils soient capables d'expliciter les choix que cela implique,
• qu'ils prennent l'habitude de se poser d'eux-mêmes les questions ci-dessus, c'est-à-dire qu'ils les aient à leur disposition au service de leur stratégie de production. D'où l'importance d'outils à élaborer pour garder trace des analyses réalisées.

Le fruit de ces observations vient compléter, ou corriger, l'inventaire établi dans un premier temps lors de la confrontation des premiers jets.
Il s'agit maintenant de les classer et de les systématiser.

• Des outils pour formaliser

Pour formaliser la construction d'ensemble d'un texte, nous utilisons :
— la **silhouette** d'un texte ; ce sont les contours que les blocs de textes qui le composent occupent sur la page. C'est un outil plus pertinent pour une lettre ou une recette que pour une nouvelle ;
— le **schéma typologique** emprunté au récit et que nous adaptons aux autres types de texte (ouverture, clôture, progression) ;
— les **étiquettes** qui correspondent au contenu sémantique des blocs de texte.
EX. : dans une lettre de demande, on trouve une étiquette « adresse » en haut et à gauche ; il y a au moins trois étiquettes dans le corps de la lettre même, « présentation de la demande », « arguments » et « salutations ». Pour des exemples précis, voir le détail des chantiers au chapitre 4. Ces outils sont conservés précieusement dans le **dossier de chantier** de chaque enfant.

5. Réécritures : écrire est un travail

Au début d'un chantier, inscrit comme tel au plan de travail de la classe, les enfants savent qu'ils partent pour un travail long, avec plusieurs réécritures en cours de route.

On nous demande souvent : « Est-ce que les enfants ne se lassent pas ? Est-ce que ce n'est pas fastidieux ? » Voire...
Peut paraître fastidieux tout travail de réécriture perçu comme inutile, répétitif, réclamé par un adulte maniaque (de la copie ou de la « recopie »), etc., mais pas un travail dont chacune des étapes a du sens et permet d'enregistrer les avancées, strate par strate, de son propre apprentissage.

Et d'abord, *réécriture mais pas recopiage :*
• Les réécritures correspondent chaque fois à un approfondissement du travail d'élaboration du texte, à une étape de l'emboîtement.
• Elles peuvent être partielles et ne porter que sur un niveau d'analyse ou sur un morceau du texte.

• De plus, comme nous l'avons vu plus haut, elles prennent à certaines étapes une allure qui relève plus du schéma ou de la silhouette que de l'écriture au sens propre.

Rappelons, par ailleurs, que lorsqu'il n'y a que des détails à modifier dans un texte, il existe des moyens techniques pratiques et peu coûteux, qu'utilisent les professionnels, et dont la fonction est précisément de permettre de corriger sans tout recommencer (les correcteurs liquides blancs et les rouleaux ou étiquettes autocollants) ; le montage de morceaux de textes par découpage et collage devrait bien faire aussi son entrée dans les classes (4).
Notons enfin, que si l'on redoute le fastidieux, la meilleure façon de ne pas laisser traîner un chantier est de bien cibler, pour soi et pour les enfants, les objectifs dominants de chaque étape. (Par exemple, il n'est pas pertinent de faire corriger l'orthographe sur les premiers jets ; par contre, le toilettage sera exigeant sur la maquette finale et permettra d'éviter ainsi les impressions de refaire ou de tourner en rond.)

6. Activités de systématisation linguistique

La phase des réécritures est favorable à toutes les systématisations sur des aspects spécifiques de la langue dont on a besoin pour le *type de texte* travaillé. C'est pour la clarté de la présentation, et parce que les objectifs dominants sont différents, que nous distinguons ici ce paragraphe du paragraphe précédent. Mais, dans la réalité des déroulements, il s'agit bien plus d'un va-et-vient entre deux pôles (c'est ce que nous avons essayé de représenter dans le schéma général de la démarche p. 35, 5 ↔ 6).
Selon le type de texte, mais aussi selon les acquis antérieurs et les besoins manifestés dans la classe, le travail portera :

• sur des modes de fonctionnement global du texte, par exemple pour un récit :

le narrateur par rapport à l'énonciateur,
le dialogue à l'intérieur du récit,
la description ou le portrait par rapport au récit ;

• sur des points de *grammaire :*

les diverses possibilités pour les substituts,
les connecteurs,
le système des temps,
le rôle des compléments circonstanciels dans un récit,
les phrases complexes dans un récit ;

---

(4) L'arrivée du Plan informatique pour tous dans les écoles devrait modifier ces données. Les enfants doivent pouvoir utiliser les possibilités de « mini-traitement de texte » pour composer, ajouter, effacer, remplacer, déplacer (un mot ou un paragraphe), faire des recherches de mise en page.
Naturellement, les vrais traitements de texte professionnels permettent aussi de multiplier les recherches de typographie, de hiérarchie de caractères, etc. On peut espérer qu'ils ne mettront pas trop de temps pour arriver dans les écoles.

- sur des points de *lexique :*

  le vocabulaire de la demande, de la supplication à la revendication (pour la lettre de demande) ou celui de la science-fiction (pour la nouvelle) ;

- sur de la *morphologie verbale :*

  le passé simple des verbes les plus fréquents dans les récits, impératif ou infinitif (pour les fiches prescriptives) ;

- sur des points d'*orthographe :*

  les finales en [e] des verbes (infinitif, participe passé, impératif).

Se reporter à la description des chantiers au chapitre 4, pour des exemples plus précis.

7. Production finale : maquette et « chef-d'œuvre »

Il nous a paru intéressant d'emprunter aux pratiques professionnelles artisanales cette conception en deux temps de l'aboutissement d'une tâche d'écriture.

- La maquette

C'est la dernière étape avant le « bon à tirer » à la fin d'un chantier :
— Elle respecte les contours définis pour la *silhouette* du texte.
— Elle inclut, à la place des *étiquettes,* le dernier état des réécritures avec tous les additifs et rectificatifs de dernière cuvée.
— C'est sur elle que se fait l'ultime et intransigeant *toilettage orthographique* (il y a une relecture exclusivement centrée sur cet aspect du texte).
— On fait relire l'ensemble par des camarades ou par le maître : c'est le temps des premiers lecteurs (exigeants parce que compétents...) du texte produit et celui des améliorations de dernière minute.

- Le « chef-d'œuvre »

Nous hésitions à employer, à proprement parler, le terme de « chef-d'œuvre », nous efforçant d'en insuffler l'esprit dans les chantiers. Mais nous nous sommes aperçus qu'il plaît aux enfants et qu'il formule parfaitement le but recherché.

L'« école scolaire » enfermée dans son monde de cahiers et de feuilles rayées ou quadrillées, vit en marge de tous ces plaisirs et émotions, pourtant éminemment éducatifs, qui sont :
— le grand bonheur de la feuille nette, blanche ou de couleur, souple ou cartonnée, lisse ou à grain, mate ou brillante, de format affiche ou carte de visite, que l'on va prendre pour y tracer son texte,
— le plaisir respecteux que l'on peut éprouver à y inscrire ses signes avec un stylo, un marqueur, un pinceau, les caractères de la machine à écrire, de l'imprimerie ou de l'imprimante,

— l'extraordinaire valorisation de soi et de la chose écrite que cela représente (5).

Remarque : Apprendre à écrire, c'est aussi apprendre à « écrire droit » comme disent les enfants, c'est-à-dire s'être construit la *ligne graphique maîtrisée :* horizontale, oblique, verticale, en courbe, etc. Le fait que nous soyons des adultes handicapés, incapables souvent d'écrire une lettre administrative sans avoir recours au guide-âne rayé prévu par les blocs de correspondance, devrait nous faire réfléchir sur la manière dont on apprend à graphier à l'école ! C'est dès la maternelle, dès les premiers apprentissages, qu'il faut apprendre à se construire l'horizontale, c'est-à-dire à écrire *sans ligne.*

Il convient sans doute de rappeler ici que nous avons choisi que cette production finale soit individuelle (en général), pour permettre à chaque enfant de gérer jusqu'au bout sa tâche d'écriture et ses apprentissages.
Nous voulons en effet éviter le plus souvent possible les écritures terminales collectives dites de synthèse qui privent chaque enfant de la prise en charge aboutie et intégrée de tous les niveaux de la mise en texte.
D'autre part, la production finale individuelle, comparée au premier jet, permet toutes les évaluations (voir plus loin).

Une question demeure cependant : dans une pédagogie de projets « pour de bon » a-t-on besoin de vingt-cinq écrits définitifs ? N'est-ce pas artificiel ? « scolaire » pour tout dire ?
Oui, on a besoin de vingt-cinq affiches, et même davantage, pour aller les placarder dans les magasins et les divers lieux publics. Oui, vingt-cinq nouvelles de science-fiction s'intègrent bien dans un même recueil. Oui, on peut avoir des destinataires terme à terme dans un échange (de règles de jeu, de lettres, de recettes, ou de comptes rendus divers) entre deux classes. Mais il est vrai que l'on n'a besoin que de quatre ou cinq lettres de demande de lots, adressées aux magasins de vente par correspondance. Et on n'a besoin que d'une lettre au maire ou au capitaine des pompiers. Dans ces cas-là, chaque enfant mène jusqu'au bout sa tâche d'écriture et la classe choisit, en fonction de critères explicites, connus de tous, dégagés précisément au cours du chantier. L'auteur du texte choisi en garde une photocopie pour son dossier.

Notons cependant qu'il n'en est ainsi que lorsqu'il s'agit de textes fonctionnels et qui font l'objet d'un chantier. Les choses se passent autrement lorsqu'il s'agit :
— soit de textes de fiction (contes et nouvelles, poèmes...) pour lesquels il ne nous paraît guère légitime d'avoir à choisir entre toutes les productions ; il est plus intéressant de chercher par quelles voies on peut trouver le moyen de les socialiser tous (albums, recueils, montages, etc.) ;

(5) On est loin de ces pauvres textes d'enfants, à peine ébauchés, qui vont finir leur trajectoire sur les pages quadrillées uniformes d'un « cahier de français » — quand ils ne sont pas arrêtés en route sur un « cahier d'essais » ou une feuille volante...

— soit des multiples écrits hors chantiers (où fonctionnent, selon les cas, le volontariat, la délégation de pouvoir, le partage des tâches, l'élaboration collective au tableau, etc.).

8. Évaluations

Il peut y avoir des évaluations partielles au cours du processus d'écriture (voir Chantiers, chap. 4). Mais il y a toujours une évaluation finale. Elle peut prendre plusieurs formes :

• Une évaluation pragmatique

— Celle que font les camarades, par exemple, des affiches réalisées, avant d'aller les porter dans les magasins. Ou bien des lettres lorsqu'il faut choisir celle qui partira (voir ci-dessus).
— Surtout l'évaluation du destinataire : sa réaction (« feed-back ») est **recherchée** systématiquement.

• Une évaluation systématique

— Chaque enfant peut procéder à deux auto-évaluations : celle de sa production finale (à l'aide d'une fiche récapitulant les critères que l'on a dégagés ensemble tout au long du chantier) et celle de ses progrès résultant de la simple comparaison entre son premier jet et son « chef-d'œuvre ».
— De la même façon, avec les mêmes critères explicites qui correspondent à sa trame de préparation, le maître peut procéder à une évaluation à la fois globale et personnalisée des productions, des progrès et de ce qui reste à travailler.
Nous n'entrerons pas plus dans les détails car le lecteur trouvera des exemples pour chaque type de texte dans chacun des chantiers (chap. 4). Rappelons ici, cependant, ce que nous avons indiqué à la fin du chapitre 1 : ce sont les *mêmes critères* qui servent à :
— définir des objectifs d'apprentissages,
— préparer les chantiers (trame de préparation),
— réaliser une évaluation formative.

9. Dossiers de chantiers

• Chaque enfant a un dossier (une chemise) par type de texte travaillé en chantier.
• Chaque dossier comprend :
— au moins deux de ses productions : premier jet et « chef-d'œuvre » (ou sa photocopie, s'il a remis l'original au destinataire) ; éventuellement une réécriture si elle est significative ;
— tous les outils élaborés au cours du chantier : silhouette, schéma, tableaux récapitulatifs, fiches d'évaluation... ;
— les écrits sociaux (les photocopies) que l'on a observés.
• Ces dossiers suivent les enfants au cours de leur scolarité et s'enrichissent au cours des années des nouvelles variantes du type de texte considéré, que l'on produit ou dont on travaille la spécificité *par contraste* avec les premiers chantiers (par exemple, la lettre d'information au capitaine des pompiers de la tenue de la

kermesse, par contraste avec la lettre de demande de lots gratuits destinée à la Redoute).

10. Réemploi et transfert

Ce n'est pas parce qu'un chantier est terminé qu'il est clos ! Il se poursuivra de fait tout au long de l'année à chaque fois que la vie de la classe offrira des occasions d'écrire des textes soit directement analogues soit, le plus souvent, proches mais avec des variables nouvelles pour lesquelles il sera nécessaire de transposer les apprentissages réalisés et de vérifier la solidité des acquis. Il sera repris l'année suivante pour travailler des aspects nouveaux ou plus complexes du type de texte considéré.

11. Contrastes et interférences

Chaque maître garde une grande marge d'initiative pour le choix et l'organisation des chantiers dans sa classe, et pour situer, les uns par rapport aux autres, les types de textes travaillés. En particulier, il a toute latitude pour faire jouer deux phénomènes qui deviennent vite très évidents dans les classes :

— les phénomènes de *contraste*. En quoi un nouveau chantier diffère-t-il d'un chantier précédent ?
EX. : Par rapport à un chantier « recette », comment fonctionne une « régle de jeu » ? Et comment fonctionne, par contre, un chantier « poèmes » ?

— les phénomènes d'*interférences*. Qu'est-ce qu'il y a de commun entre un « compte rendu » et un « récit de vie » ? Et entre un « compte rendu » et une « règle de jeu » ? Inversement, est-il tout à fait pertinent d'adresser ses sincères condoléances au receveur des P.T.T. à qui on demande un entretien pour une enquête ?
Où est le tronc commun et où sont les différences entre une lettre de demande et une lettre de remerciement ? Entre une lettre d'invitation (à la kermesse) destinée au maire et celle qui est destinée au capitaine des pompiers (chargé de la sécurité) ? Entre une lettre de remerciement au maire de la commune qu'on connaît bien et qui a prêté gratuitement la salle des fêtes pour un spectacle au retour de classe de neige et une lettre de remerciement au maire de la commune voisine qu'on ne connaît pas, mais qui a prêté gratuitement un car pour aller donner le spectacle au foyer du troisième âge ? (voir chap. 4).

Le jeu des ressemblances/différences entre les différentes sortes d'écrits permet de renforcer chez les enfants à la fois la connaissance qu'ils ont de chaque type de texte et leur créativité.

4. Sept types de textes en chantier

Rappelons (1) que nous entendons ici par « types de textes » non pas les types de discours au sens où l'entendent généralement les linguistes (2), mais les types d'*écrits sociaux* les plus courants. Nous en avons choisi sept (lettres, affiches, fiches prescriptives, comptes rendus, récits de vie, nouvelles, poèmes,) parmi les écrits sociaux les plus fréquents, à partir des critères suivants :

- Ils trouvent facilement leur place dans des projets de classe d'enfants de l'école élémentaire.

- Ils permettent de travailler les différentes fonctions de l'écrit et comportent aussi bien des écrits à dominante fonctionnelle référentielle que des écrits à dominante imaginaire et fictionnelle.

- Du point de vue linguistique, ils sont propices à des apprentissages clefs pour la production de texte.

Par exemple, la « lettre de demande » est particulièrement favorable à la prise en compte du *destinataire ;* par contre, on choisira le « récit de vie » personnel pour travailler les marques de l'*énonciateur* dans un texte *(je-ici-maintenant).*
Ou bien, il est intéressant, pour mettre en évidence le *référent* et ses diverses structurations, de travailler par contraste le « compte rendu », la « régle de jeu » et l'« affiche ».
Ou encore, de travailler le *fonctionnement poétique du langage* dans le « poème », la « nouvelle » et l'« affiche publicitaire ».
Ou encore, de confronter le *récit* (la narration) dans le « compte rendu » de témoignage, la « nouvelle » ou le « récit de vie ».

---

(1) Voir chapitre 1, annexe.

(2) Voir *Langue française,* n° 74, mai 1987, « La typologie des discours ».

Ou encore, de comparer les *marques d'énonciation* dans le « récit de vie » personnel et dans la « nouvelle », etc.

Notre liste de sept chantiers ne s'est voulue ni exhaustive ni close. Mais c'est volontairement que nous avons laissé pour les années de collège deux types d'écrits :
— Les textes argumentatifs (en dehors de la « lettre de demande ») parce que nous avons pensé qu'il était du ressort de l'école élémentaire de mettre d'abord en place toutes les conditions de l'argumentation orale (les réunions de coopérative, les débats fréquents dans la classe, les « délégations » auprès d'autorités diverses — directeur d'école, maire, association de parents — y sont particulièrement favorables).
— Les résumés.
Nous ne les avons guère utilisés en production écrite que sous la forme de fiches de lecture à partir du travail sur la nouvelle.
Pour le reste, en particulier, pour tout le travail d'extraction d'information de textes documentaires, nos résumés sont plutôt oraux, insérés dans des exposés.

Chacun des types de textes retenus pour un chantier est travaillé pour lui-même, comme il va être longuement développé dans tout ce chapitre 4.
Mais on fait aussi jouer à fond les ressemblances/différences entre les différents textes comme il a été dit précédemment. De plus, l'une des activités qui nous paraît la plus féconde, pour aider les enfants à identifier et caractériser les textes, est le **tri de textes** (3).
Il consiste à proposer aux enfants une douzaine de textes différents (photocopiés pour garder leur aspect original) et à leur demander de les classer soit d'après les critères qu'ils définissent eux-mêmes soit d'après des critères proposés par le maître.
Selon les moments de l'année et les textes proposés, le tri de textes peut soit être exploratoire (débroussaillage), soit servir d'outil d'évaluation des acquis des enfants.

Pour faciliter la lecture de la présentation de ces sept chantiers, et en accord avec la démarche générale des chantiers présentée au chapitre précédent, nous avons choisi une structuration analogue pour les sept types de textes travaillés (avec des nuances pour les chantiers 5 et 6). On trouvera donc pour chacun :
• une justification du choix du type de texte concerné et un inventaire des situations favorables à sa production ;
• le déroulement de chantiers dans des classes différentes sur un même type de texte mais avec des variables ; pour chaque type de texte, pour le premier des chantiers décrits, la trame de préparation remplie par le maître concerné est jointe ;
• des documents de deux sortes :
— des textes produits par les enfants (premier jet et production finale),
— des « outils » élaborés et/ou utilisés en classe.

(3) Se reporter à *Repères*, n° 66, juin 1965 et n° 69, mai 1986.

1. LETTRES

A. CHANTIER « LETTRE DE DEMANDE »

• Pourquoi une lettre alors qu'il serait possible de téléphoner, utiliser le Minitel, se déplacer pour prendre contact, envoyer une invitation... ?
— Parce qu'on n'est pas sûr que le message arrive au destinataire souhaité (trop d'intermédiaires : standardistes, secrétaires, répondeurs,...).
— Parce qu'il est nécessaire d'avoir une trace écrite qui puisse servir de référence valable et probante en cas de non réponse.
— Parce qu'il est plus facile d'avoir une argumentation cohérente, réfléchie et efficace dans une lettre qu'au téléphone.
— Parce qu'on n'est pas sûr, même en se déplaçant, de pouvoir rencontrer la personne souhaitée (problème de disponibilité, de temps).

• Pourquoi choisir pour un chantier une lettre de demande parmi les différents types de lettres possibles :

lettre d'information,
lettre de remerciement,
lettre de compte rendu,
lettre d'expression interpersonnelle (correspondants, copains, parents...) ?

— Parce que c'est la lettre qui correspond le mieux à la situation et que ce type d'écrit paraît le plus pertinent pour que chaque enfant :

— se contruise la notion de destinataire et de son statut (on se demande : à qui on écrit ? sera-t-il d'emblée prêt à répondre à notre demande ou faut-il le convaincre ?) ;
— sache formuler une demande et argumenter.

Situations favorables

— Inviter un intervenant extérieur.
— Faire réserver une plage horaire dans un musée ou autre (syndicat d'initiative, administration...).
— Demander une autorisation (mairie, parents...).
— Demander des renseignements (association, club...), des documents.
— Demander des lots pour une kermesse (la Redoute, Teisseire...).

Le projet de la classe (dans un CE1-CE2)

Pour pouvoir participer à un concours : « Racontez-vous grand-père, grand-mère » les enfants ont besoin du témoignage d'une personne âgée et décident d'inviter un grand-père ou une grand-mère à venir en classe.

Projet d'écriture d'une lettre de demande

Après différentes propositions des enfants : inviter ses propres grands-parents ou des voisins âgés (ce qui pose des problèmes : déplacement ou choix de la personne...), nous décidons, avec forte incitation de la maîtresse, de nous adresser au représentant de l'association « l'Âge d'or ». Nous lui écrirons une lettre où nous lui demanderons de chercher pour nous une personne âgée qui veuille bien venir en classe pour nous raconter sa vie.

Préparation du chantier par l'enseignant

Dans un premier temps, la maîtresse se fixe les objectifs suivants : Chaque enfant devra :

- se construire la notion de destinataire et de son statut,
- s'approprier la structure spécifique de la lettre de demande avec « silhouette » et mise en page,
- être capable d'« argumenter »,
- employer correctement la ponctuation et les majuscules (usage spécifique dans certains blocs de texte),
- travailler le vocabulaire de la demande.

La préparation est faite à l'aide de la trame pp. 51 et 52.

L'animation d'un échange entre les enfants

Il permet de faire le point sur les éléments de la situation tels qu'ils sont perçus en début de chantier.
On rappelle :
— *à qui on écrit :*
au responsable de « l'Âge d'or » ;
— *pourquoi on écrit :*
pour qu'il nous trouve une personne âgée qui puisse venir en classe, « qui puisse marcher et beaucoup parler » ;
— *de quoi on va parler :*
on relit le règlement du concours : la personne âgée doit raconter sa vie et venir avant le 1er décembre (date limite d'envoi de notre compte rendu pour participer au concours).

Premier jet individuel (Doc. 1)

La maîtresse propose l'écriture d'un premier jet et elle donne la consigne suivante :

« Chacun de vous va réaliser un projet de lettre le plus complet possible. »

TRAME DE PRÉPARATION DE L'ENSEIGNANT *

TYPE DE TEXTE MIS EN CHANTIER DANS LA CLASSE	*LETTRE DE DEMANDE*
1. REPRÉSENTATION PRÉALABLE QUE JE ME FAIS :	
• de la situation de communication : les paramètres déterminants.	
Destinataire (statut : à parité ou non)	*Un adulte (peu familier) responsable d'un club de 3e âge.*
Énonciateur (à quel titre ?)	*Un enfant-écolier au nom de la classe de CE.*
But	*Obtenir qu'une personne âgée vienne dans la classe raconter sa vie.*
Enjeu	*Etre en mesure de participer à un concours : « Racontez vous grand-père, grand-mère » et essayer de gagner.*
Objet précis de la communication (référent)	*Formuler la demande et expliquer son intérêt pour la classe.*
• du produit fini :	
Justification du choix de ce type de texte dans l'éventail des textes possibles	*S'adressant à un organisme dont le responsable est un adulte « non familier », on choisit la lettre classique plutôt qu'une invitation illustrée.*
Allure générale du texte	*Lettre avec une silhouette spécifique. Etiquettes correspondant aux différents blocs de textes.*
Choix du matériel : supports possibles	*Papier blanc 21 × 29,7.*
Outils scripteurs possibles	*Stylo - Machine à écrire.*
Coût financier (éventuellement)	*Papier à lettre - Enveloppe - Timbre.*
2. LES CARACTÉRISTIQUES DU TEXTE QUE JE PRÉVOIS : (voir suite)	

* Rappel : Cette trame est destinée à aider l'enseignant à concevoir, animer et évaluer le chantier. Elle est un support pour l'élaboration d'outils de systématisation avec les enfants. En aucun cas elle n'est destinée à leur être donnée préalablement à l'écriture.

2. LES CARACTERISTIQUES DU TEXTE QUE JE PRÉVOIS :

• **Structure d'ensemble (superstructure) :**

Schéma typologique ou silhouette	Organisation interne
Expéditeur — *date* — *destinataire* — *interpellation* — *corps de la lettre* — *formule de politesse* — *signature*	*1 De l'exposé de la demande* *2 à l'argumentation* *3 à la réponse* *4 à la prise de congé*

• **Linguistique du texte :**

Fonctions dominantes organisatrices du langage	*informative* *argumentative*
Choix pertinents pour ce type de texte : — énonciation (personnes, espace/temps) — système des temps — lexique	*— « Je » ou « nous » - Ici à Luzarches.* *— Aujourd'hui pour bientôt.* *— Présent/futur.* *— Vocabulaire spécifique de la demande et formules de politesse.*
Cohérence à rechercher : — marques d'énonciation — adverbes et temps — substituts (anaphoriques) — connecteurs	*Sensibiliser les enfants à la nécessité de la cohérence sur tous ces plans.* *Systématiser en élaborant des outils.* *S'assurer de cette cohérence lors de l'évaluation des productions finales.*

• **Linguistique de la phrase** (dans ses aspects les plus fréquents pour ce type de texte) :

Forme interrogative.

3. ACTIVITÉS DE SYSTÉMATISATION MÉTALINGUISTIQUES, envisagées dès la préparation ou retenues après analyse des « premiers jets » des enfants

— Rôle particulier des majuscules (adresse - date...).

— Ponctuation (code du texte).

— Travail de l'argumentation, par rapport aux verbes (graduation dans l'intensité de la demande, ex. : demander - exiger...) jeux de rôles.

— Etude des différentes formules de politesse qui existent, choisir la plus pertinente pour cet écrit.

jeudi 7 novembre

bonjour s'il vous plaît on voudrait que une personne âgée veuille nous raconter sa vie.

merci Franck Portoau

Mr Murez.

Bonjour monsieur

il nous faut une personne âgé pour raconter sa vie pour faire un concours

merci !!

Doc. 1 : Emeline et Franck, 7 ans 1/2, CE, premier jet d'une lettre de demande.

Elle précise :
— que ce premier jet servira à confronter son texte avec ceux des autres, à se construire des compétences et à s'évaluer.
— qu'il ira dans le dossier « lettre de demande ».
Chaque enfant peut choisir le support sur lequel il va écrire : papier blanc ou de couleur, avec lignes ou sans lignes, grand ou petit format.
La majorité des enfants choisit d'écrire sur une feuille blanche 21 × 29,7.

La maîtresse utilisera pour elle-même ces premiers jets pour mettre en évidence les acquis, les manques et les besoins des enfants.

Confrontation

• Avec les premiers jets des autres

• En petits groupes de 4 ou 5.
Dans un premier temps, les enfants prennent connaissance des écrits des autres et notent leurs observations sur un tableau conçu par eux. L'un des enfants du groupe est secrétaire. Les rubriques qui apparaissent le plus fréquemment sont : « pareil », « pas pareil », « ce qu'on croit qui manque » (Docs. 2 et 3).

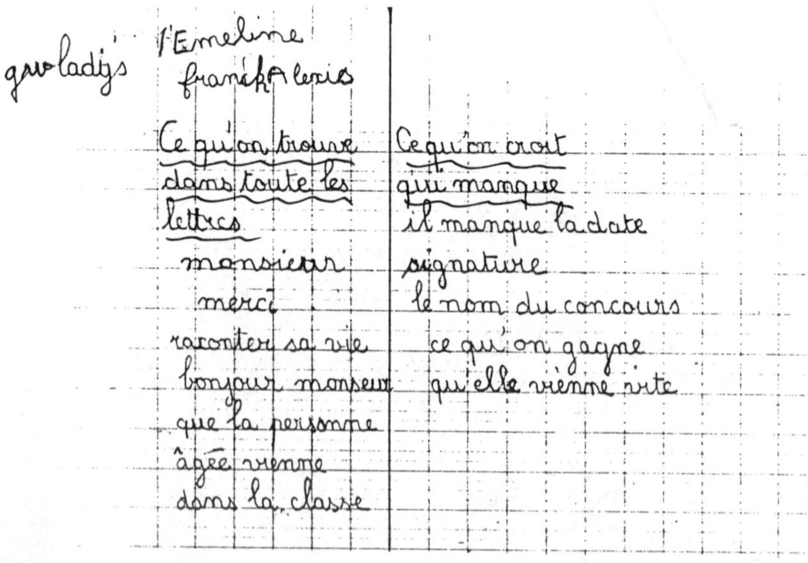

gwladys l'Emeline
franck Alexis

Ce qu'on trouve dans toute les lettres	Ce qu'on croit qui manque
monsieur	il manque la date
merci	signature
raconter sa vie	le nom du concours
bonjour monseur	ce qu'on gagne
que la personne âgée vienne dans la classe	qu'elle vienne vite

Doc. 2 : Notes d'observations des premiers jets faites par un petit groupe d'enfants.

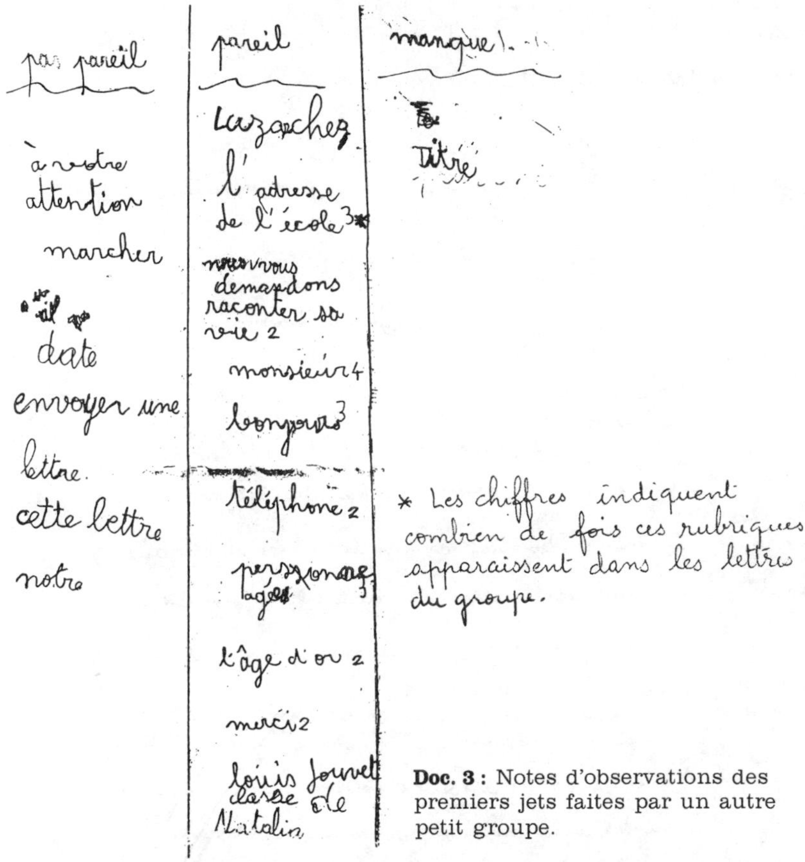

Doc. 3 : Notes d'observations des premiers jets faites par un autre petit groupe.

• En grand groupe.
Toutes les observations en petits groupes sont reprises et notées sur un tableau récapitulatif classé, qui fait apparaître que les enfants ont déjà une certaine idée de la lettre de demande.
Ils mettent :
— la date,
— l'interpellation (« Bonjour », « Bonjour Monsieur », « Cher monsieur l'Âge d'or ») ;
— ils demandent mais sans argumenter : « Venez pour le concours », « Envoyez-nous un vieux pour le concours... » ;
— ils signent ;
— ils remercient ;
— ils emploient quelques formules de politesse : « S'il vous plaît... », « Est-ce que vous voulez bien... ».

• Avec les écrits sociaux

• Pour dégager la structure de la lettre de façon plus claire, plus précise, la maîtresse propose alors aux enfants d'observer et d'analyser des écrits qu'elle met à leur disposition : lettres d'administrations, services publics, musées, etc. (Doc. 4).

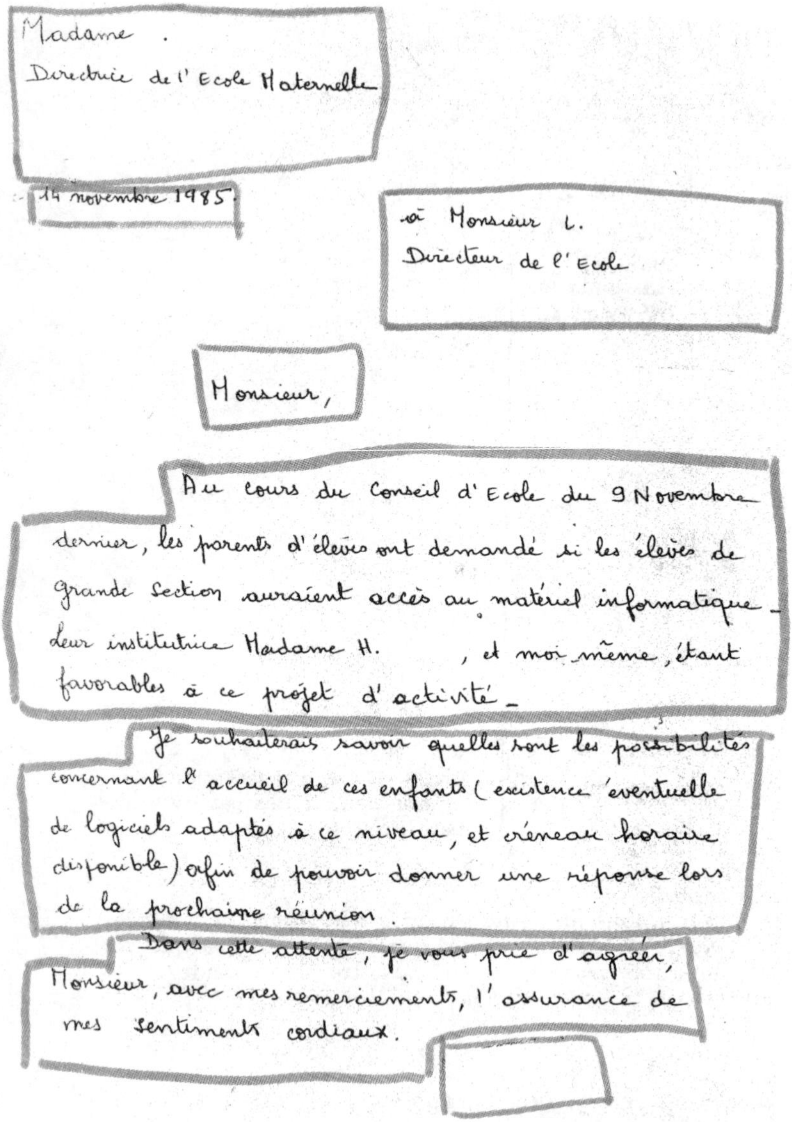

Madame .
Directrice de l'Ecole Maternelle

14 novembre 1985.

à Monsieur L.
Directeur de l'Ecole

Monsieur,

Au cours du Conseil d'Ecole du 9 Novembre dernier, les parents d'élèves ont demandé si les élèves de grande Section auraient accès au matériel informatique. Leur institutrice Madame H. , et moi même, étant favorables à ce projet d'activité.

Je souhaiterais savoir quelles sont les possibilités concernant l'accueil de ces enfants (existence éventuelle de logiciels adaptés à ce niveau, et créneau horaire disponible) afin de pouvoir donner une réponse lors de la prochaine réunion.

Dans cette attente, je vous prie d'agréer, Monsieur, avec mes remerciements, l'assurance de mes sentiments cordiaux.

Doc. 4 : Lettre administrative qui permet de mettre en évidence la silhouette de la lettre de demande.

• Au cours d'une discussion en grand groupe, les enfants complètent le tableau élaboré lors de la confrontation des premiers jets. On aboutit à une « silhouette » du texte construite à l'aide d'étiquettes correspondant aux différents « blocs » de la lettre de demande (Doc. 5). La maîtresse propose alors un exercice aux enfants : remettre en ordre les différentes étiquettes (Doc. 5 bis).
Les enfants utiliseront cette silhouette comme *outil* lors d'une séance de réécriture.

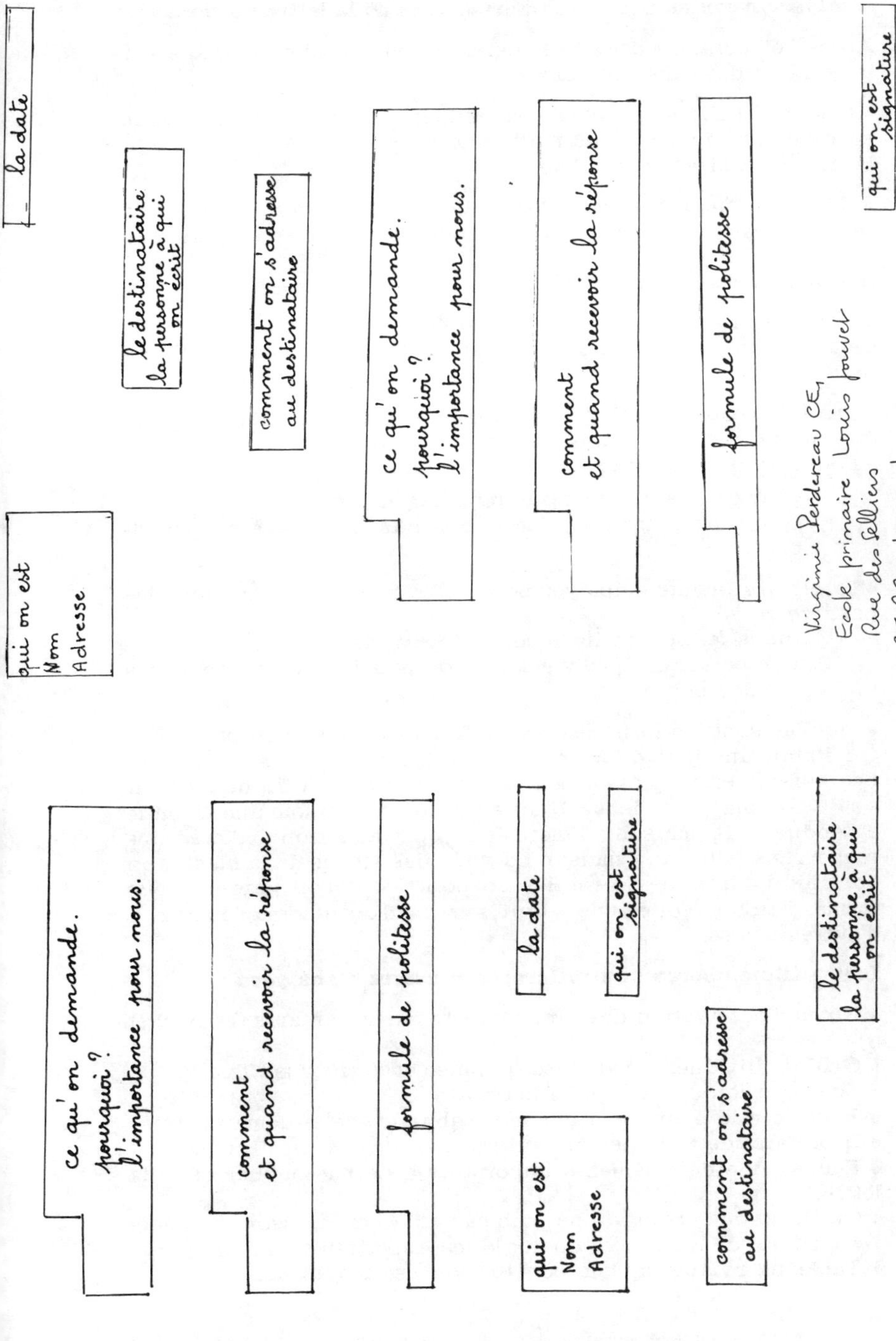

Doc. 5 : Silhouette de la lettre de demande.

Analyse en commun des caractéristiques de la lettre de demande

Après l'élaboration de la silhouette, une discussion s'engage sur le contenu des différents blocs :

• Que doit contenir le bloc « expéditeur » pour que nous soyons sûrs qu'une réponse nous parvienne ?
Le nom et l'adresse complète.

• Que doit contenir le bloc « destinataire » pour être sûrs que, dans cette association, notre lettre parvienne jusqu'à la personne concernée ?
Son nom, sa fonction sociale, dans quel organisme, son adresse.

• Comment s'adresse-t-on à cette personne ?
Cela dépend de son statut. « Monsieur M », « Monsieur le Directeur »...

• Dans le corps de la lettre : comment formuler la demande pour être sûrs d'être compris, d'obtenir une réponse ?
« Pouvez-vous nous proposer une personne âgée

pour qu'elle vienne nous raconter sa vie
pour le concours « Racontez-vous grand-mère, grand-père » ? »

• Quels arguments employer pour essayer d'obtenir une réponse positive ?
— « Ça nous ferait plaisir de connaître sa vie. »
— « Si une personne âgée vient vite, on pourra jouer au concours et gagner des prix. »

• Quelles sont les formules de politesse les plus appropriées ?
On établit une liste de formules de politesse connues.
Les enfants en emploient peu, à part « merci » en fin de lettre et « s'il vous plaît » au début. Une seule élève réemploie une formule entendue à la maison : « merci de votre attention ». Après des recherches faites à la maison ou dans des lettres de la classe, on enrichit la liste des formules de politesse qu'on gardera sous forme d'affiche collective et qui servira d'outil lorsqu'on écrira d'autres lettres.

Les outils élaborés aux différents niveaux d'analyses

• Notes d'observation des premiers jets par les enfants (Docs. 2 et 3).
• Grille individuelle d'analyse, premier et dernier jet (Doc. 6).
• Écrits sociaux (dossiers de lettres).
• Jeux de rôle pour travailler le vocabulaire de la demande (4).
• Inventaire de formules de politesse.
• Fiche-guide des éléments importants à ne pas oublier dans la lettre.
• Outils pour l'orthographe : tableaux de conjugaison, de mots invariables, de références analogiques, répertoires, dictionnaires.
• Tableaux récapitulant la ponctuation, les majuscules.

---

(4) Différentes façons de réclamer un ballon tombé dans un jardin selon qu'on s'adresse à la concierge, sa mère, un copain...

Outil pour relire la lettre de demande	OUI	NON
LES DIFFÉRENTS BLOCS		
Expéditeur		
— en haut, à gauche		
— son nom		
— son adresse		
— les majuscules		
Date		
— en haut, à droite		
Destinataire		
— son nom		
— sa fonction		
— son adresse		
LE CORPS DE LA LETTRE		
* As-tu mis une formule pour l'adresser au destinataire ? (Monsieur le directeur...)		
* As-tu fait un bloc texte avec plusieurs paragraphes ?		
* As-tu écrit une formule de politesse à la fin ?		
* As-tu mis ta signature ?		
* As-tu utilisé le même pronom du début à la fin de la lettre ?		
Objet de la demande		
— As-tu mis ce que tu demandes ?		
— As-tu dit pourquoi ?		
Argumentation		
— As-tu donné des arguments pour convaincre le destinataire ?		
— As-tu précisé pour quand tu voulais une réponse ?		
Mise en page		
— As-tu mis une large marge à gauche ?		
— As-tu mis la ponctuation ?		
— As-tu mis les majuscules où il faut ?		
— Es-tu allé à la ligne à chaque paragraphe ?		
— As-tu écrit droit ?		

Doc. 6 : Grille d'auto-évaluation.

Réécriture intermédiaire

À l'aide de tous les outils cités précédemment mis à sa disposition, chaque enfant « réécrit » une lettre de demande. Dans l'ensemble, les lettres contiennent les blocs essentiels : expéditeur, destinataire, date, signature, corps de la lettre.
Mais c'est à l'intérieur de ce corps-là qu'il reste encore un travail important à faire :
— formuler clairement ce qu'on demande,
— argumenter,
— donner des éléments pour recevoir la réponse.

Production finale (Doc. 7)

Dans cette classe de CE1-CE2, au niveau du CE2, il y aura réécriture d'une production finale individuelle après correction partielle par la maîtresse. Les enfants utilisent la fiche d'évaluation citée dans les outils.

emeline Roullat CE1
Ecole Louis Jouvet
rue des Selliers
95270 Luzarches

Le 26 Novembre

à
Monsieur Murez
responsable
de l'âge d'or

Cher monsieur,
Est-ce que vous pouriez trouver une personne qui vienne en classe nous raconter sa vie. C'est pour nous aider à faire le concours " Racontez vous grand-mère grand-père". Il y a beaucoup de prix à gagner.

Le concours finit le 1er décembre, il faudrait que la personne puisse venir trés vite. Le numéro de téléphone de l'ecole est 30-35-04-45
Nous vous remercions à l'avance

Emeline pour la classe

Doc. 7 : Emeline, 7 ans 1/2, CE2, production finale de lettre de demande.

Au niveau du CE1, on aboutira à un production finale collective. On élabore ensemble une lettre avec ce qui paraît le plus pertinent dans le deuxième jet des enfants et de la production finale des CE1. La maîtresse sert alors de secrétraire.
Une seule lettre recopiée par un enfant partira, choisie par la classe en fonction des critères élaborés au cours du chantier.
Cette même lettre sera recopiée par tous les enfants et mise dans le dossier « lettre de demande ». Elle servira d'outil de référence pour écrire une autre lettre de demande.

Évaluation

Auto-évaluation, par chaque enfant, tout au long du chantier à l'aide de la grille d'analyse individuelle (Doc. 6). L'enseignant pourra faire une évaluation des apprentissages de tous les enfants à l'aide des rubriques de la trame de préparation.

Les enfants ont pu mesurer l'efficacité de leur écrit par la venue de M. Jean G. La rencontre a été enrichissante, la discussion animée, le récit d'une enfance très différente de la leur a suscité beaucoup de curiosité et de questions de la part des enfants.

Situations de réinvestissement, transfert, complexification

La vie de la classe donne de nombreuses occasions de faire de nouvelles lettres de demande.
Les différents projets de la classe amèneront d'autre part les enfants à écrire d'autres types de lettres :
— lettres de remerciement,
— lettres aux correspondants,
— lettres de compte rendu.
On s'aperçoit parfois que certaines lettres personnelles prennent des allures presque officielles ; elles sont écrites selon le schéma de la lettre de demande : les enfants devront apprendre à transposer.

B. CHANTIER « LETTRE DE COMPTE RENDU » *

Projet d'écriture

• Au retour d'une classe verte, les enfants décident d'écrire une lettre de remerciement au maire qui leur a accordé une subvention.
• Ce chantier diffère du précédent par le statut du destinataire : élu local au lieu du représentant d'association.

* Dans un CE2.

• L'argumentation sera différente également car les enfants de la classe sont débiteurs du destinataire.
L'enjeu étant de pouvoir obtenir des subventions pour une autre classe verte, il apparaît ici sous une forme déguisée : le compte rendu.
Celui-ci, par la richesse et la variété des visites décrites, montre que les fonds de la mairie ont été bien utilisés et qu'on aimerait bien recommencer...

Échange oral sur les paramètres de la situation

• Rappel du déroulement du séjour (chronologie). Pourquoi il est important d'en parler à la mairie.
• Rappel du statut du destinataire.

Production

Après un premier jet *individuel* bien réussi jusqu'à la partie compte rendu, un échange oral a permis de faire le point sur cette dernière partie qui posait problème.
La partie compte rendu a été élaborée en *petits groupes* pour mettre au point l'aspect « chronologie » et ce qu'on allait dire de chaque activité.

Notre séjour a été bien rempli. Nous avons fait de nombreuses promenades :

Genève : Nous avons vu un jet d'eau qui mesurait 90 m de hauteur. Nous avons découvert les tramways.
Evian : Nous avons traversé le lac Léman en bateau ; c'était la première fois que nous montions sur un grand bateau.
Yvoire : C'est une très jolie ville fortifiée. Nous y avons visité le vivarium où il y avait de nombreux reptiles.
Le cirque du Fer à Cheval : On se serait cru au pays des cascades.

Des échanges oraux en *grand groupe* ont permis de se mettre au clair sur le compte rendu. La maîtresse a servi de secrétaire. Une élève a recopié la production finale au nom de la classe et une mère d'élève l'a tapée à la machine.
La même lettre a été envoyée à la personne responsable du service « Enfance-classe de nature » qui l'a trouvée intéressante et l'a communiquée au journal local.

C. QUELQUES AUTRES CHANTIERS SUR LA LETTRE

• Dans une classe de CM1, le projet de classe était de visiter le centre informatique de la S.N.C.F., d'où écriture d'une lettre au chef du personnel (Doc. 8).

Classe du CM1 - CM2
École A. Daudet
95470 FOSSES
Tel : 34-72-98-91

Fosses le 15-11-8.

Monsieur Goichon
Chef du Personnel
S.N.C.F I.S.P
116 ter rue de Saussure
75017 PARIS

Monsieur,

Nous sommes une classe de CM1-CM2 de 24 élèves entre 9 et 11 ans.

Nous sommes intéressés par l'informatique car c'est une discipline qui est inscrite dans le nouveau programme de l'école élémentaire. Nous avons déjà travaillé sur Commodore 64 et sur MO5 et nous aimerions voir d'autres ordinateurs. Pourriez-vous nous recevoir dans votre centre pour nous expliquer comment vous utilisez l'informatique.

Nous éspérons que vous donnerez une réponse positive et que vous nous fixerez une date et une heure pour la visite. Nous serons accompagnés par le maître et quelques parents.

Vous en remerciant à l'avance, nous vous prions d'agréer, Monsieur le Chef du Personnel, nos sentiments les meilleurs.

Pour la classe
La présidente de la c...
Valérie

Valérie

Doc. 8 : Production finale de lettre de demande, CM.

- Dans une classe de CM2, les élèves écrivent pour remercier d'un goûter qui leur a été offert après la classe de neige (Doc. 8).
- Dans un CE2, les élèves écrivent aux parents pour les remercier de leur participation à la kermesse (les bénéfices leur permettront de partir en classe verte (Doc. 9).

Remarque : Le maître joue franc-jeu : les lettres des enfants partent seules et ne sont doublées ni par une lettre ni par un coup de téléphone de l'adulte.

Classe CM1 CM2 — le 6/03/87

Le Colombier

Lurvoilliers

Mme Cicky et le personnel

Nous vous remercions du goûter qui était vraiment bon : les gâteaux, les boissons, les bonbons... etc

Nous espèrons également que le spectacle vous a plu, fait rire, ému, intéressé et qu'il vous à même permis de chanter

Je vous prie d'agréer, l'assurance de ma considération la plus distinguée

Séverine

pour la classe de CM1 CM1 de Mme

Vallart

Doc. 9 : Premier jet de réinvestissement d'une lettre de remerciements dans un CM. Seule la formule de prise de congé est à revoir.

2. AFFICHES

Ce qui est intéressant dans l'affiche, c'est d'abord sa place et son rôle, ou ses rôles, dans tout un tissu de communications complexes que les projets de classe permettent d'établir avec l'extérieur.

Choisir des chantiers « affiche » dans nos classes nous a permis de mettre en place des apprentissages spécifiques :
• travailler la fonction informative et, en contraste, la fonction incitative du langage,
• apprendre à être le plus percutant possible, en économisant les termes employés (le côté « écriture rare » de l'affiche),
• savoir choisir les mots aux connotations les plus fortes,
• être capable de hiérarchiser les informations.

Naturellement, il y a aussi des apprentissages à faire du point de vue graphique et plastique :
• utilisation spatiale d'un support de grand format,
• recherche de formes graphiques en typographie,
• exploitation de diverses techniques d'arts plastiques,
• articulation texte/image.

Il y a de nombreuses sortes d'affiches. Dans ce chapitre nous présentons les chantiers suivants :

affiche d'invitation,
affiche incitative en contexte,
affiche d'information,
affiche de publicité farfelue.

Situations favorables

Une telle induction d'écrit s'inscrit généralement dans des projets de type projet-entreprise ouverts sur l'extérieur :
— une kermesse, un loto, une vente, un ramassage de vieux papiers,
— un spectacle, une fête,
— une exposition (compte rendu d'enquêtes, de visite, de classe de neige ou de classe verte).

Mais aussi ponctuellement :
— un événement lié à la vie de la classe (EX. : pas de classe jeudi parce que...),
— une journée portes ouvertes,
— un appel à l'aide des parents (EX. : ateliers).

Ou encore à usage intra-muros :
— l'annonce du dépôt à la bibliothèque d'un recueil de poèmes ou de nouvelles écrits par une classe,
— l'annonce d'une vente de gâteaux,
— un appel au sens des responsabilités (propreté des locaux, mesures d'économie d'énergie).

A. CHANTIER « AFFICHE D'INVITATION » *

Projet de classe

Partir en classe verte à la fin de l'année scolaire.
Sous-projet : organiser une kermesse...

Projet d'écriture

Réaliser des affiches pour annoncer la kermesse qui nous permettra de financer en partie la classe verte.

Préparation du chantier

Voir la trame ci-contre.

Échange oral sur les paramètres de la situation

— Quel enjeu ? Gagner de l'argent.
— Pourquoi ? Pour aller en classe verte.
— Où seront placées les affiches ?
Dans les magasins, gymnases, écoles, entrées d'immeubles, sur les panneaux d'affichage municipaux.

Premier jet individuel

Consigne donnée : « Vous avez vingt minutes pour réaliser un projet d'affiche. Vous choisissez votre papier ».
Quatre enfants prennent du papier ordinateur ; dix-neuf enfants des feuilles 21 × 29,7.
Aucune intervention de la maîtresse pendant la première production. Chaque enfant travaille seul.

Mise en commun

Chaque enfant vient scotcher son propre projet d'affiche au tableau et retourne à sa place, distante de trois à quatre mètres du tableau. Les premières réactions à vif portent immédiatement sur le fait qu'on ne voit pas bien de loin, sur la typographie employée (trop petite), sur les manques d'éléments d'information (« J'ai pas mis l'heure, j'ai pas mis où c'était... »).

---

* Dans un CE2.

TRAME DE PRÉPARATION DE L'ENSEIGNANT *

TYPE DE TEXTE MIS EN CHANTIER DANS LA CLASSE	*AFFICHE D'INVITATION*
1. REPRÉSENTATION PRÉALABLE QUE JE ME FAIS :	
• de la situation de communication : les paramètres déterminants.	
Destinataire (statut : à parité ou non) Énonciateur (à quel titre ?)	*Les habitants de la ville et des villes avoisinantes.* *Les enfants-écoliers investis dans le projet.*
But	*Informer, inciter + séduire.*
Enjeu	*Qu'il y ait beaucoup de monde à la kermesse.*
Objet précis de la communication (référent)	*Annoncer la kermesse.*
• du produit fini :	
Justification du choix de ce type de texte dans l'éventail des textes possibles	*Écrit destiné à être lu de loin, rapidement et à accrocher l'œil du lecteur.*
Allure générale du texte	*Mots-clés, expressions choc disposés sur un support de façon non linéaire.*
Choix du matériel : supports possibles Outils scripteurs possibles Coût financier (éventuellement)	*— Format plus important que le simple 21 × 29,7. Papier blanc, couleur, carton.* *— Beaucoup plus épais que le stylo : feutre, pinceau, pochoir, lettres découpées.* *— Le matériel de la classe suffit.*
2. LES CARACTÉRISTIQUES DU TEXTE QUE JE PRÉVOIS : (voir suite)	

* Rappel : Cette trame est destinée à aider l'enseignant à concevoir, animer et évaluer le chantier. Elle est un support pour l'élaboration d'outils de systématisation avec les enfants. En aucun cas elle n'est destinée à leur être donnée préalablement à l'écriture.

2. LES CARACTERISTIQUES DU TEXTE QUE JE PRÉVOIS :	
• **Structure d'ensemble (superstructure) :**	
Schéma typologique ou silhouette *Disposition graphique pertinente, rarement linéaire, isolant chacun des éléments ; hiérarchie des caractères, la multiplicité des directions scripturales possibles (en diagonale, en oblique, horizontalement, verticalement...)*	Organisation interne *Réduction des informations à l'essentiel (pas de phrases) et hiérarchisation allant du fait principal aux informations circonstancielles.*
• **Linguistique du texte :**	
Fonctions dominantes organisatrices du langage	*informative* *incitative*
Choix pertinents pour ce type de texte : — énonciation (personnes, espace/temps) — système des temps — lexique	 *Pas de trace en général.* *Ou « nous/vous ».* *Quand il y a des verbes, impératif.* *Aucune particularité.*
Cohérence à rechercher : — marques d'énonciation — adverbes et temps — substituts (anaphoriques) — connecteurs	*Leur absence caractéristique de ce type d'affiche.*
• **Linguistique de la phrase** (dans ses aspects les plus fréquents pour ce type de texte) :	
Caractéristiques : pas de « phrases complètes ».	
3. ACTIVITÉS DE SYSTÉMATISATION MÉTALINGUISTIQUES, envisagées dès la préparation ou retenues après analyse des « premiers jets » des enfants	
— L'impératif *— Prévoir : Techniques d'arts plastiques.* *Multiplicité des formes graphiques.*	

L'évaluation rapide de l'ensemble des premiers jets par l'adulte

Pendant ce temps, la maîtresse fait mentalement, pour elle-même, cette évaluation globale :

• La situation :
But et enjeu compris.
Destinataire confus pour trois ou quatre enfants. Invitation plutôt personnelle « Monsieur, Madame » que destinée à un public indifférencié.
Énonciateur cerné : la classe.

• Le référent :
Compris : la kermesse - pourquoi, où, quand ?

• Le type de texte :
Pour trois enfants : confusion avec une lettre d'invitation, dans son contenu et dans son allure générale (Doc. 1), avec une affichette qui indiquerait l'emplacement d'un stand (Doc. 2) (EX. : « Approchez, ici les enveloppes... »), mais dix-huit enfants ont produit quelque chose qui relève de l'affiche.

Nous allons orcaniser Une kermes à l'école Henri barbuse le dimanch
29 Mars vous pouver venir à cette kermes je vdis vous de l'heure
14 H nous faissons sa porer notre Classe vert allors vous vous ler
bien venir vous Allez bien vous éclater ét vos enfants il
veux venir à cette kermesset les parent aussi il peuex
venir le dimanche vous aver pas de travaille et vous allez
gagner des lots formidable les lots il faut eller les chercher
se dans la chausse de mademoidlle ésiqueur. Il aura peut-
être des enfant dequiser.

Doc. 1 : Tatiana, 9 ans, format 21 × 29,7.

• Ce qui est à travailler :
— le support : la feuille est utilisée souvent horizontalement, ce qui paraît peu pertinent pour une porte de magasin (Doc. 3),
— les caractères employés : ils sont souvent trop petits et non hiérarchisés.

Doc. 2 : Valérie, 9 ans, format 21 × 29,7.

• Ce qui semble choisi explicitement :
— l'emploi de feutres de différentes couleurs pour structurer la page et pour « faire joli »,
— le recours au dessin pour séduire.

• Texte dans sa structure d'ensemble :
— des textes trop détaillés (10 à 15 lignes),
— trop d'uniformité dans l'écriture, pas de hiérarchisation dans les informations proposées (Doc. 1).

• Linguistique du texte :
— la fonction informative apparaît, ainsi que quelques aspects incitatifs (Doc. 4 et 5).

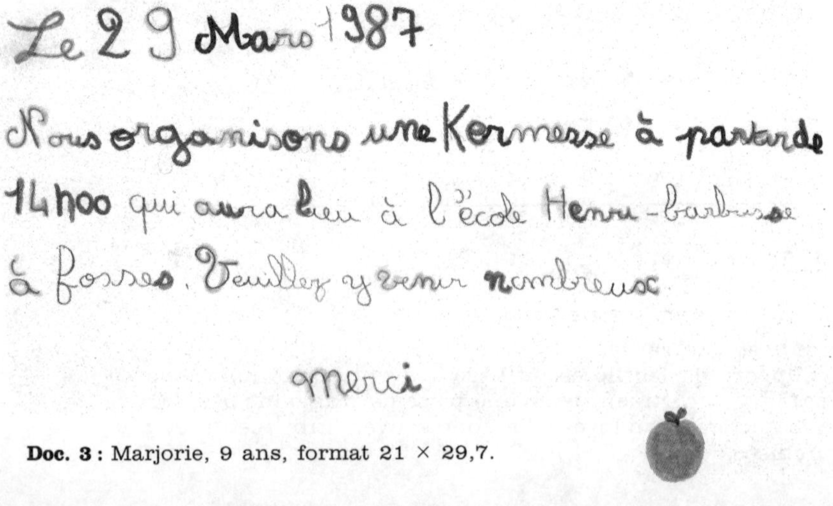
Le 29 Mars 1987

Nous organisons une Kermesse à partir de 14h00 qui aura lieu à l'école Henri-barbusse à fosses. Veuillez y venir nombreux

merci

Doc. 3 : Marjorie, 9 ans, format 21 × 29,7.

Doc. 4 : Sybille, 10 ans, format 21 × 29,7.

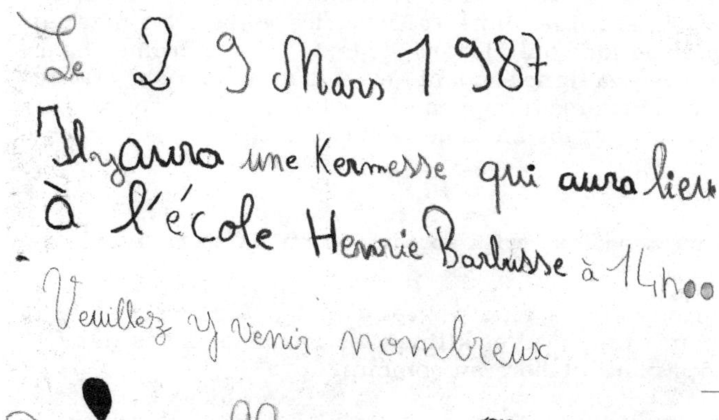

Doc. 5 : Céline, 9 ans, format 28 × 38.

Confrontation de tous les premiers jets des enfants

Elle permet d'élaborer ensemble un tableau récapitulatif des caractéristiques indispensables à la réalisation de notre projet affiche qui se présente ainsi :

• *Si on veut que les gens lisent*
Il faut que l'affiche :

— se voie de loin	→ grande affiche
— en passant	→ gros caractères
— quand on est pressé	→ couleurs très vives
— attire le regard	→ écrire en diagonale ou en arrondi

• *Si on veut que les gens viennent vraiment*
Il faut des renseignements : penser à mettre

— où ?	→ école ou ville
— quand ?	→ date et heure
— qui organise ?	→ classe de CE2
— ce qu'il y aura à la kermesse	→ jeux, boisson, gâteaux, musique
— des formules pour attirer	→ « venez nombreux », « vous serez bien accueillis », « vous vous amuserez bien ».

Confrontation avec des écrits sociaux présents dans la classe

Les enfants n'ayant pas ressenti la nécessité de réduire leur texte aux informations essentielles, la maîtresse choisit une procédure facilitatrice : elle traduit sous forme d'une *lettre* la partie *affiche publicitaire* d'un calendrier existant dans la classe et propose aux enfants de comparer.
Les enfants entourent les éléments communs à ces deux types d'écrit et constatent que, dans l'affiche, les verbes, les déterminants, les prépositions ont disparu ; le texte ne se présente pas en enfilade : « on va à la ligne souvent » et on joue sur la disposition et le format des caractères d'imprimerie utilisés.
On ajoute ces remarques au tableau ci-dessus.

Confrontation avec les écrits sociaux là où ils se trouvent : en ville

Une promenade dans la ville permet d'aller observer les affiches présentes pour confirmer et affiner les éléments notés dans le tableau récapitulatif élaboré en commun.

Élaboration d'outils

Le *tableau récapitulatif* élaboré avec les enfants est un premier outil.
Il permet, d'autre part, de mettre en place les activités suivantes utilisant deux autres outils : silhouettes et étiquettes *.
Chaque élève note sur des *étiquettes mobiles* les mots ou expressions qu'il veut voir figurer sur son affiche ; ces étiquettes permettent à la fois de sélectionner « les mots pour le dire » et de réaliser l'ébauche d'une *silhouette* offrant la possibilité d'utiliser des caractères différents et de multiplier les essais d'emplacements relatifs.
On récapitule ensemble au tableau les étiquettes correspondant aux informations indispensables. Les enfants se mettent aussi d'accord sur celles qu'ils choisissent de ne pas faire figurer :

* Voir chapitre 3 (§4.).

« On ne marque pas que c'est pour la classe verte, puisque Christophe a entendu dans la rue une dame dire : « On ne va pas dépenser de l'argent pour *leur* classe verte ». »
« On ne donne pas le prix, les gens savent bien qu'à une kermesse, il faut payer. »
« Mais on n'oublie pas de mettre le nom de l'école (il y a plusieurs écoles à Fosses) et de la ville (puisqu'on va aussi mettre des affiches dans la ville d'à côté). »

Les étiquettes « incitatives » sont laissées à l'appréciation de chacun : « Jeux, Musique, Lots, Venez nombreux, Vous serez bien accueillis », etc.

Les étiquettes, ainsi répertoriées, iront dans le *dossier de chantier* de chaque enfant.

Les enfants réalisent l'ultime *maquette* par groupes de deux ou trois ; ils cherchent la meilleure disposition typographique (Doc. 6 et 7).
— Quelle disposition sur la page ? horizontale ? verticale ? oblique ? en arrondi ?
— Quelle nature, quelle taille relative des caractères employés ?
— Quelles couleurs utiliser ?

Doc. 7 : Emmanuel, 9 ans, format 21 × 29,7.

Doc. 6 : Frédéric, 10 ans, format 42 × 29,7.

Une fois les maquettes réalisées, trois points ont encore besoin d'être précisés :
— l'élimination de couleurs ne contrastant pas assez avec le fond,
— la taille des lettres,
— la lisibilité de loin,
— et, naturellement, un dernier toilettage orthographique.

Production individuelle finale

Les supports choisis (divers) sont à la bonne taille, les critères informatifs et incitatifs bien cernés, les lettres visibles de loin, les couleurs appropriées : un travail d'harmonisation des couleurs s'est fait.

Les enfants éprouvent le besoin d'intégrer des éléments décoratifs : « On peut mettre des petits points de couleur, dessiner des étoiles, déguiser les lettres... » (Doc. 8 et 9). Il y aurait là tout un travail spécifique à faire : recherche proprement graphique et recherche sur la liaison texte-image. Mais le temps presse, les enfants ont le souci que leurs affiches soient installées assez tôt. On en restera donc là pour aujourd'hui et on reprendra ce travail ultérieurement avec d'autres affiches à faire, pour d'autres projets.

Doc. 8 : Benoist, 9 ans et Nicolas, 10 ans, format 30 × 42.

Doc. 9 : Christophe, 9 ans et Carole, 9 ans, format 36 × 51.

Évaluation des productions

• **En classe,** le type d'évaluation choisi pour ce texte est plutôt collectif ; les enfants, une fois leur affiche terminée, la soumettent à leurs camarades, qui, par leurs remarques, permettent d'y mettre la touche finale : « Le rouge n'est pas assez vif, cette lettre n'est pas assez épaisse ».

• **En famille,** les enfants se sont passionnés pour ces affiches et en ont réalisé plusieurs chez eux, au grand étonnement des parents et parfois avec l'aide de grands frères ou de grandes sœurs...

• **En ville,** avant la kermesse :
— les commerçants ont accepté les affiches et les ont trouvées belles ;
— des passants ont pris la peine de téléphoner pour signaler que certaines affiches ne mentionnaient pas la date...

• **La kermesse terminée,** une évaluation du projet est possible : les affiches ont-elles rempli leur rôle ? Le bilan est positif. La kermesse est réussie : les gens sont venus nombreux, malgré les flocons de neige d'un printemps tardif, et sont arrivés à l'heure malgré le passage à l'heure d'été ce jour-là ; la recette est de 9.000 F, ce qui dépasse les espérances.

Réemploi - transfert - complexification

Le travail sur l'affiche d'invitation est réinvesti et transformé *immédiatement :* une carte d'information/invitation est écrite au maire et au capitaine des pompiers : les enfants nuancent leur lettre en fonction des deux destinataires. À peu de choses près, les informations sont les mêmes mais, dans cette situation, il paraît nécessaire aux enfants de réinsérer des traces d'énonciation (nous...vous...) et d'utiliser « des phrases complètes » (c'est-à-dire pour eux, munies de verbes conjugués et d'informations circonstancielles).

Trois mois plus tard, un travail de réemploi est réalisé : au retour de la classe verte, un nouveau projet affiche prend forme en vue d'annoncer l'exposition des photos prises pendant notre séjour.

Deux idées sont retenues :
— écrire des invitations individuelles aux parents,
— réaliser des affiches d'invitation pour les camarades de l'école (Doc. 10 et 11).

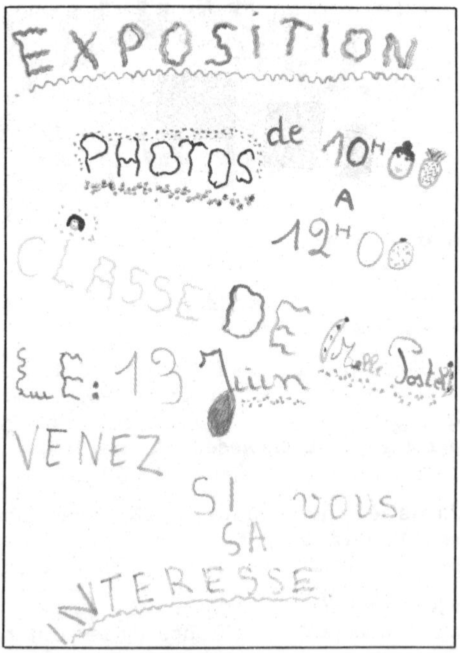

Doc. 10 : Aurélie, 9 ans, premier jet de réinvestissement, format 21 × 29,7.

Doc. 11 : Aurélie et Valérie, 9 ans, production finale, format 29,7 × 42.

Les variables nouvelles sont :
— les destinataires :

les parents
les enfants de l'école,

— la situation et le référent,
— le support, de taille inférieure (affichette).

Un travail en arts plastiques a été mené parallèlement :
— découpage de lettres dans les catalogues et magazines ;
— écriture en blanc sur des fonds de couleur, pour les affiches ;
— entraînement à différentes formes graphiques pour les invitations personnelles.

Comme on peut le voir sur les documents 9 et 10, il y a peu de différence textuelle entre le premier jet et le produit final ; ce qui semble prouver la construction efficace des acquis *antérieurs*.

B. CHANTIER « AFFICHE INCITATIVE EN CONTEXTE »

Dans une école, un projet ayant pour objectif de développer le sens des responsabilités des enfants prend jour. L'enjeu est de respecter les locaux, de tenir propres les espaces de l'école, de rechercher les mesures d'économie d'énergie (fermer les portes, ne pas laisser couler l'eau inutilement). Dans une classe de CM, on va donc faire des affiches placées dans des endroits stratégiques, elles devront « inciter à » (Doc. 12).

Doc. 12 : Stéphane, 10 ans, format 32 × 40.

La fonction dominante est cette fois-ci plutôt *incitative,* l'information est dans le contexte situationnel. Les affiches ont pour rôle de rappeler aux enfants de l'école les mesures retenues pour respecter le milieu environnant, l'école elle-même.

Les problèmes rencontrés au premier abord dans l'élaboration de ces affiches ont été :

— la tendance à expliciter les slogans et expressions choc employés ; par exemple, « la poubelle a faim » : les enfants ajoutent « ne jetez pas les papiers partout, jetez-les dans la poubelle » ;

— l'écriture employée trop petite, les couleurs insuffisamment contrastées ;

— la difficulté de disposer les uns par rapport aux autres les dessins et les textes.

C'est sur l'ensemble de ces aspects qu'a porté le travail en classe.

C. CHANTIER « AFFICHE D'INFORMATION »

Dans une autre classe (un CM), un projet ayant pour enjeu la diffusion d'un recueil de poèmes écrits, illustrés, imprimés par les

enfants nécessite la production d'affiches permettant d'en informer les autres classes, les parents, les partenaires du quartier, les bibliothécaires. L'enjeu est très facilement cerné par les enfants. Les problèmes rencontrés sont liés à l'éventail important des destinataires et donc au choix le plus pertinent du support, selon les destinataires. Différents groupes de travail se constituent ; les uns produisent de grandes affiches disposées à l'entrée de l'école, dans les centres de loisirs, les bibliothèques ; les autres produisent des affiches plus petites destinées aux classes de l'école.
La diversité des supports ayant été cernée, on se met d'accord sur le choix le plus pertinent du message : le titre du recueil, la classe d'origine, le prix, le lieu de vente, la date de publication. Seule pose problème la hiérarchisation des éléments constituant l'affiche, d'où le choix des types de caractères employés.

D. DES AFFICHES PUBLICITAIRES FARFELUES

Dans un CE2, des ateliers d'écriture vont être l'occasion de travailler « la nutrition » dans une dimension « imaginaire farfelue » parallèlement à un projet mené en biologie.
Plusieurs groupes d'enfants choisissent de faire des affiches publicitaires « à l'envers » ou « farfelues ».
Ce chantier « affiche » est différent des précédents car il n'a pas de but directement fonctionnel. L'enjeu est ici de plaire et/ou de faire rire.
Les enfants ont à leur disposition des matériaux variés, tracts divers, lettres Letraset, etc., des feuilles blanches ou de couleur de formats variés.
Les réalisations sont étonnantes.
Dans un groupe, on choisit de présenter un aliment dans un contexte inhabituel (« Le poulet sucré »). Dans un deuxième groupe, on fait de la pub pour des aliments horribles « Mangez sorcière », « Mangez horrible », et on y présente des queues de dragon, des tartes au crapaud.
Un troisième groupe choisit de faire une affiche pour vanter les qualités de steaks de viande hachée en utilisant des slogans publicitaires destinés aux aliments pour animaux et cela donne : « Ronronnez de plaisir », « Ça vous rend le poil brillant ».
Un quatrième groupe bouleverse à la fois le texte et l'image. Il s'agit d'une pub pour le ketchup : le ketchup est devenu jaune et on présente le ketchup jaune et des pâtes en flacon, le tout accompagné du texte :

« Kit Ketchup »
— Le grand choc —

Toutes les possibilités n'ont pas été épuisées. Les enfants ont pris beaucoup de plaisir à réaliser ces affiches et à observer l'effet choc produit sur les copains.

3. *FICHES PRESCRIPTIVES*

Ce type de texte :
• permet de travailler sur un référent très précis :
— l'objet de la fiche est ciblé,
— une organisation logique est indispensable ;

• oblige à « expliciter l'implicite », c'est-à-dire qu'il demande un effort de « décentration » : se mettre à la place du lecteur. En effet, le destinataire n'aura que ce texte pour réaliser et pour réussir ;

• demande de sélectionner puis de classer des informations et du vocabulaire en évitant le superflu, dans un souci d'efficacité et de clarté ;

• permet la mise en place d'activités métalinguistiques précises. C'est un chantier propice,
— à l'étude de formes verbales telles que l'infinitif et/ou l'impératif, le subjonctif présent,
— à l'acquisition d'un vocabulaire spécifique, vocabulaire culinaire, technique, etc.

Situations favorables

Quelques exemples :
— Repas pris en commun, fête, goûter : recettes de cuisine d'anniversaire.
— Échanges entre classes : règles de jeux.
— Projet de décoration de l'école, aménagement de la cour : plans de travail.
— Création d'une bibliothèque, d'un centre de documentation : consignes d'utilisation.
— Acquisition d'un meuble, d'un appareil électrique, d'un aquarium, d'une cage, de plantes : fiches de montage, modes d'emploi, fiches d'entretien.
— Organisation de la cour, du centre informatique : règles de vie (règlement).
— Promenades à vélo : notices de réparation.
— Réalisation d'un fichier « travaux manuels » : fiches de fabrication.

A. CHANTIER « RECETTE » *

C'est un chantier facile à mener, même dans les petites classes. Il permet l'apprentissage d'une organisation spatiale du travail sur

* Ce chantier s'est déroulé dans un CE en novembre-décembre.

fiche. Il nécessite de la part des élèves une réflexion sur le déroulement logique des opérations.

Projet de classe

Les enfants du CP de l'école ayant eu l'occasion de voir des modelages réalisés en pâte à sel par les enfants du CE1 ont voulu en faire autant. Ils demandent la recette aux élèves du CE1. De ce projet découle, pour le cours élémentaire, un projet d'écriture.

Projet d'écriture : une recette

Les enfants du CE1 avaient, une quinzaine de jours auparavant, lu la recette pour réaliser leurs propres modelages.
Celle-ci s'est révélée, à l'usage, peu fiable. Les enfants ont préféré la reformuler plus simplement.
Ils n'ont plus le texte sous les yeux. Ils travaillent donc à partir de leur expérience et de leur mémoire.

Préparation du chantier par l'enseignant

(Voir la trame pp. 83 et 84.)

Deux drôles de druides
dégustent douze
délicieux desserts de
Dordogne

Entraînement à la calligraphie pour un menu de Noël (voir p. 96).

Échange oral sur les paramètres de la situation

Les enfants :
— « On écrit pour les petits. »
— « Pour qu'ils fassent des bonshommes, des animaux... »
— « C'est pour travailler avec la pâte à sel. »
— « On n'a qu'à faire des dessins ! »
— « Si on écrivait grand, peut-être qu'ils comprendraient ? »
— « Il faut qu'ils comprennent bien tout ! faut rien oublier. »
— « Oui sans ça, ça ne marchera pas, y'vont tout louper. »

Premier jet (Doc. 1)

Chaque enfant dispose de vingt minutes pour écrire la recette. Sur une étagère de la classe sont toujours prêtes à être utilisées, des feuilles de différents formats, de différentes couleurs, papier de cahier, papier cartonné, papier de dessin...

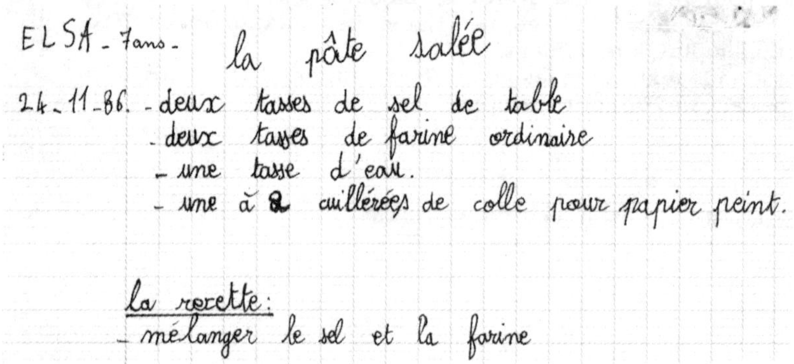
ELSA - 7ans - la pâte salée
24-11-86. - deux tasses de sel de table
- deux tasses de farine ordinaire
- une tasse d'eau.
- une à 2 cuillérées de colle pour papier peint.

la recette:
- mélanger le sel et la farine

Doc. 1 : Elsa, 7 ans, premier jet.

Confrontation avec les écrits des autres

Le premier jet terminé, les enfants se répartissent par groupes de quatre ; il disposent des premiers jets d'un autre groupe. Les écrits sont lus et confrontés. Les remarques viennent vite :

« Je ne comprends rien. »
« Il en a oublié la moitié. »
« Y a des mots que je n'arrive pas à lire ! »
« Il a pas dit comment il faut faire ! »

La maîtresse : « Vous avez vraiment beaucoup de remarques à faire. Je vous propose de les classer dans un tableau ».

À l'aide du document 2, chaque enfant examine la recette en sa possession et répertorie :
— ce qu'il retrouve dans chaque recette,
— ce qu'il pense avoir été oublié,
— ce qu'il ne comprend pas.

Ce travail fait ainsi apparaître certaines caractéristiques de ce type de texte (liste des ingrédients, mode de préparation, dessins...).

TRAME DE PRÉPARATION DE L'ENSEIGNANT *

TYPE DE TEXTE MIS EN CHANTIER DANS LA CLASSE	*FICHE PRESCRIPTIVE*
1. REPRÉSENTATION PRÉALABLE QUE JE ME FAIS :	
• de la situation de communication : les paramètres déterminants.	
Destinataire (statut : à parité ou non)	*Des enfants de CP ne sachant pas encore très bien lire.*
Énonciateur (à quel titre ?)	*L'enfant « écolier » de CE_1, plus « grand ».*
But	*Réalisation par le destinataire d'objets à partir de la recette écrite.*
Enjeu	*Le destinataire doit COMPRENDRE et être capable de RÉALISER sans erreur.*
Objet précis de la communication (référent)	*Une recette.*
• du produit fini :	
Justification du choix de ce type de texte dans l'éventail des textes possibles	*Intérêt de la fiche pratique, facile à lire et à classer pour de jeunes élèves.*
Allure générale du texte	*En général, 2 blocs de texte avec présentation particulière : tirets, alinéas, mots soulignés.*
Choix du matériel : supports possibles	*Feuilles de bristol de formats et de couleurs différents, feuilles cartonnées.*
Outils scripteurs possibles	*Feutres couleur, stylos bille ou encre, crayon couleur, normographe.*
Coût financier (éventuellement)	*matériel existant en classe.*
2. LES CARACTÉRISTIQUES DU TEXTE QUE JE PRÉVOIS : (voir suite)	

* Rappel : Cette trame est destinée à aider l'enseignant à concevoir, animer et évaluer le chantier. Elle est un support pour l'élaboration d'outils de systématisation avec les enfants. En aucun cas elle n'est destinée à leur être donnée préalablement à l'écriture.

2. LES CARACTERISTIQUES DU TEXTE QUE JE PRÉVOIS :

• **Structure d'ensemble (superstructure) :**

Schéma typologique ou silhouette	Organisation interne
Etiquettes — *titre* / *ingrédients* / *préparation* *Dessins*	*Déroulement logique des opérations.*

• **Linguistique du texte :**

Fonctions dominantes organisatrices du langage	*Texte à dominante explicative avec des sous-dominantes informative et incitative.*
Choix pertinents pour ce type de texte : — énonciation (personnes, espace/temps) — système des temps — lexique	*ou* texte impersonnel *ou* emploi des pronoms « tu », « vous » aucun repère spatial ou temporel impératif ou infinitif ou « il faut que » + subjonctif ou « il faut que » + infinitif *verbes spécifiques d'opérations culinaires.*
Cohérence à rechercher : — marques d'énonciation — adverbes et temps — substituts (anaphoriques) — connecteurs	*Sensibiliser les enfants à la nécessité de la cohérence textuelle sur ces quatre plans.* *Systématiser en élaborant des outils avec eux.* *S'assurer de cette cohérence lors de l'évaluation des productions finales.*

• **Linguistique de la phrase** (dans ses aspects les plus fréquents pour ce type de texte) :

— *Propositions indépendantes - propositions infinitives.*

— *Absence fréquente de la fonction sujet.*

— *Phrases impératives.*

3. ACTIVITÉS DE SYSTÉMATISATION MÉTALINGUISTIQUES, envisagées dès la préparation ou retenues après analyse des « premiers jets » des enfants

— *Inventaire classé de vocabulaire culinaire.*

— *Travail sur le présent de l'impératif par rapport au présent de l'indice.*

— *Travail sur l'infinitif des verbes.*

— *Orthographe : le « tu » entraîne toujours un « s »*
le « vous » sujet entraîne toujours « ez ».

— *Prise de conscience de l'adverbe de manière en « ment ».*

mathieu 7ans Recette de la pâte à sel

lecture du 1er jet des enfants du groupe

N° des textes lus	ce qui est dans toutes les recettes	ce que je pense qui a été oublié	ce qu'on ne comprend pas	ce qui semble réussi, facile à comprendre	Autres remarques
n° 2	la liste des ingrédients ce qui on fait avec	rien	rien	la liste des ingrédients	rien
n° 4	la liste des ingrédients ce qui on fait avec	dire qui on mélange avec le mains le temps de cuisson	il-y-a trop d'écriture	la liste des ingredients	il n y a pas assez de dessins
n° 3	la liste des ingrédients ce qui on fait avec	le temps de cuisson	les dessin et l'écriture	rien	on ne comprend rien à son écriture
n° 1	la liste des ingrédients ce qui on fait avec	rien	rien	le dessins	je suis le seul à avoir fait des cases

Doc. 2 : Notes d'observations de Mathieu sur les premiers jets de quatre de ses camarades.

Pour elle-même, la maîtresse établit une grille qui lui permet de cerner les besoins de sa classe en vue d'établir des outils de travail précis.

Ses conclusions :

— si la plupart des enfants ont pensé au titre et aux ingrédients, douze ont oublié la préparation elle-même (!),

— aucun n'a fait de dessins,

— la disposition est en lignes continues : trois seulement ont fait des alinéas,

— un travail sur la superstructure sera nécessaire :

le bloc « préparation » ayant été omis, il sera nécessaire de travailler :

l'inventaire des opérations,
l'enchaînement chronologique des opérations,
le vocabulaire spécifique (principalement les verbes).

— Huit élèves ont bien pensé au bloc « préparation » mais en mélangeant dans les mêmes phrases infinitif et impératif. Il sera nécessaire d'étudier ces modes de conjugaison, et surtout leur cohérence (choisir un temps et s'y tenir).

Confrontation avec les écrits sociaux

La maîtresse apporte et fait apporter par les enfants des livres de cuisine (pour adultes et pour enfants), des fiches de cuisine trouvées dans des magazines, offrant un éventail de recettes de silhouettes variées. Elle organise une confrontation avec ces écrits, afin que les enfants, d'eux- mêmes, prennent conscience de leurs manques. L'interaction lire-écrire permet chez l'enfant une construction dialectique des compétences de lecteur et de scripteur. Chaque élève remplit un questionnaire (Doc. 3).

Travail pour la recette de la pâte à sel	
Nom : Lecture de recettes	
Titre de la recette	flan d'abricots
Où as-tu trouvé cette recette ?	Dans télé loisirs.
Sais-tu qui a écrit cette recette ?	Un journaliste fait pour les recettes
Sais-tu pour qui elle est écrite ?	pour les parents
Comment est écrite cette recette (qu'est ce qu'on y trouve ?)	Elle est écrite grosse. On y trouve les ingrédients, les explications.
Te paraît-elle facile à réaliser ? Pourquoi ?	Elle n'est pas facile (~~tt~~) il y a beaucoup de texte.
" " " difficile à réaliser ? Pourquoi ?	Oui car il y a beaucoup de texte.
Le texte de la recette est-il long ?	Oui il y a 4 paragraphes longs.
y a-t-il un code particulier ? Des dessins ? utiles ou non ?	Il n'y a pas de code particulier. Les dessins sont faits pour décorer
Relève quelques verbes de la recette ? A quelle forme sont-ils écrits ? Pourquoi ?	fouetter tamiser démouler les verbes sont à l'infinitif
Autres remarques...	

Doc. 3 : Notes d'observations d'une recette relevée dans un magazine.

Analyse en commun

À la lumière des réponses apportées dans ce questionnaire, apparaissent les blocs de texte suivants :
— titre,
— liste des ingrédients,
— dosage,
— préparation,
— cuisson,
— dessin (éventuellement).

Ils écrivent alors ensemble le document de synthèse 4 qui sera dupliqué et remis à chacun.

Outils élaborés aux différents niveaux

1. *Travail sur la superstructure,* en tenant compte du destinataire (le cours préparatoire d'à côté) :
— découpage de quatre blocs essentiels et leurs différentes posi-

la recette de la pâte salée

LES BLOCS :

le titre

les ingrédients

la recette

la cuisson

PRÉSENTATION :

les tirets

les ingrédients en colonne

COMPRÉHENSION :

indiquer les quantités (verre ou cuillerée)

. expliquer ce qu'il faut faire

écrire dans l'ordre.

Doc. 4 : Document de synthèse des observations.

tions possibles sur le support choisi par la classe (une feuille bristol quadrillé 5 × 5, de format 21 × 29,7) ;

— recherche d'une simplification dans la présentation, en introduisant des dessins, en s'inspirant des écrits sociaux consultés.

2. *Travail sur la cohérence*

Le document 5 est distribué. Les enfants découpent, ordonnent et

Mets dans l'ordre

- 2 tasses de sel fin
- enfin ajouter la colle
- Les ingrédients :
- ajouter l'eau petit à petit
- 2 tasses de farine

La recette :

LA PATE SALÉE

- 1 tasse d'eau
- mélanger le sel et la farine

La cuisson :

- bien malaxer la pâte (si elle colle aux doigts rajouter de la farine, si elle s'émiette rajouter un peu d'eau)
- 1 à 2 cuillérées de colle pour papier
- mettre au four . d'abord n°2 pendant 10 mn ensuite n°4 pendant 20 mn.
- il ne doit pas y avoir de grumeaux

Doc. 5 : Étiquettes à reclasser.

reconstituent les différents blocs en respectant l'ordre logique des opérations. La maîtresse a pris soin, dans sa fiche, de valoriser des indices de lecture. Par exemple, le titre est en majuscules et souligné deux fois ; les titres des blocs sont soulignés une fois...

3. *Travail sur les modes de conjugaison*
Ce travail a surtout consisté en exercices de transposition :

> Pétrir la pâte puis la découper.
> Pétrissez la pâte puis découpez-la.
> Vous pétrissez la pâte puis vous la découpez.
> Je pétris la pâte et je la découpe.

Production finale

Avec l'aide des documents qu'il a en sa possession dans son dossier, documents qu'il peut consulter librement, chaque enfant produit alors sa fiche « recette » définitive. Il doit sélectionner, organiser l'espace, faire des dessins, s'appliquer à l'écriture (Doc. 6).
Chacune de ces fiches individuelles sera remise à un enfant de CP.

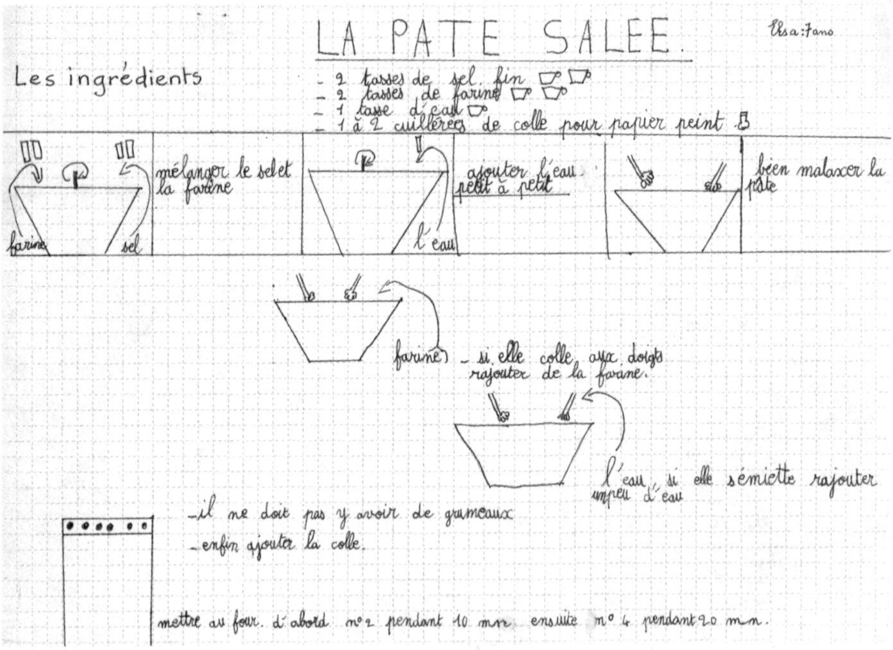

Doc. 6 : Sabrina, CE1, production finale, fiche bristol, format 21 × 29,7.

Évaluation

Elle se fait à trois niveaux :
1. *Évaluation par l'enfant*
Cette évaluation se fait à l'aide de la grille (Doc. 7).

Nom : Date :

J'évalue mon travail sur la recette de la pâte à sel

	Je mets une croix dans la bonne case		oui	non
	Dans ma recette			
1	J'ai mis	le titre		
2		la liste des ingrédients		
3		le temps de cuisson		
4		le temps de préparation		
5		le texte (ce qu'il faut faire)		
6	Les consignes sont	dans l'ordre		
7		faciles à comprendre		
8	J'ai écrit "toutes" les consignes			
9	La présentation est bien choisie pour des petits			
10	J'ai mis les verbes	à l'infinitif		
		à l'impératif		
		au présent avec "tu"		
11	J'ai employé des verbes différents selon les actions. Combien ◯ Lesquels ? ------------------------			
		Total →		

Note ici les numéros des consignes auxquelles tu as répondu "non"
○ ○ ○ ○ ○ ○ ○ ○ ○ ○ ○

Doc. 7 : Grille d'auto-évaluation par chaque enfant de sa production finale.

2. *Évaluation par la maîtresse*
Cette évaluation se fait à partir du document précédent.
3. *Évaluation par le destinataire*
Cette évaluation s'est faite sous forme de lettre collective de la classe de CP, ayant pour but de faire un bilan des réussites, des ambiguïtés et des manques constatés (Doc. 8).

La maîtresse du CE1 concerné a réalisé, dans le courant de l'année scolaire, un nouveau chantier du même type : écriture de fiches de gymnastique à partir du matériel existant dans l'école. Les enfants ont bien réinvesti leurs acquisitions.

Bonjour les CE1 !

Nous vous remercions pour votre recette.

On s'est bien amusé à faire la pâte à sel !

Mai ça collait un peu aux doigts.

Nos objets sont très jolis.

Mais quelques uns ont été brûlés.

Dans notre pâte nous n'avons pas mis de colle à ~~pap~~ papier peint.

Dans vos recettes individuelles certains enfants ont bien écrit et d'autres un peu moins.

C'était parfois difficile à lire.

Il manquait parfois des lettres et des mots.

Quelques enfants ont écrit trop petit.

Certaines recettes n'ont pas de nom.

D'autres contenaient des erreurs.

Les recettes écrites avec des feutres sont plus jolies que celles écrites au crayon à papier.

~~Alou~~

Nous n'avons pas toujours bien compris vos dessins mais certain étaient très jolis.

Quand vous avez sauté des lignes on comprenait mieux.

Au revoir et merci

La classe de C.P. C E 1

Doc. 8 : Lettre (collective) d'évaluation des destinataires de la recette.

B. CHANTIER « RÈGLE DE JEU » *

Ce chantier est différent du précédent. Il nécessite la décentration de l'élève par rapport à un vécu dense dans lequel il a été immergé. Il doit le dominer suffisamment pour rendre compte de l'organisation spatiale et temporelle du jeu.

Projet d'écriture

Les élèves de la classe avaient appris à jouer au « béret » en EPS ; les enfants d'un autre CE2 de l'école ont souhaité à leur tour connaître les règles de ce jeu. De cette demande naît un projet d'écriture : chaque élève va écrire la règle du jeu pour un enfant de l'autre classe.

Préparation du chantier par l'enseignant

À l'aide de la trame.

Échange oral sur les paramètres de la situation

Rappel du statut du destinataire (enfants de même âge), de l'enjeu (qu'ils puissent jouer) et du déroulement du jeu.

Premier jet

Écriture individuelle : environ vingt minutes.
Aucun blocage, tous les enfants ont écrit (Doc. 9).

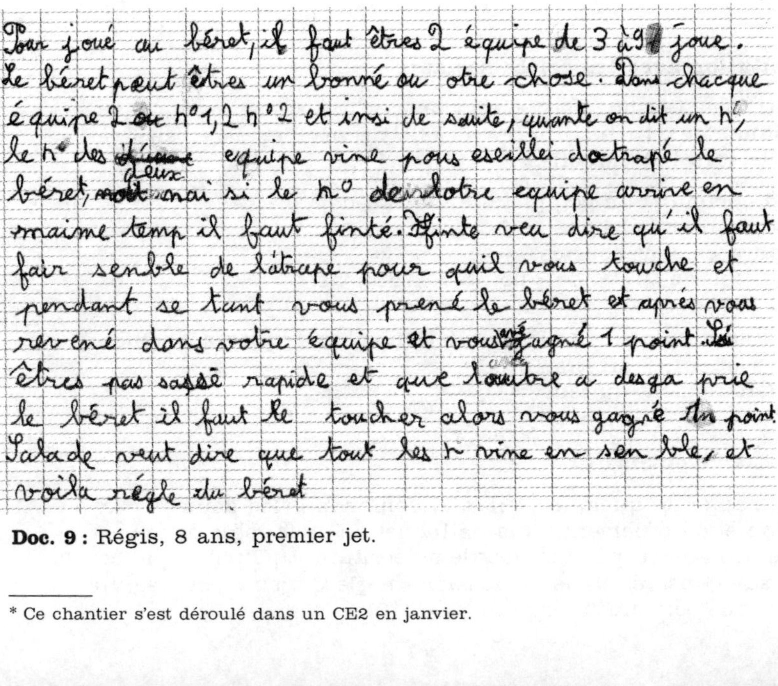
Pour joué au béret, il faut êtres 2 équipe de 3 à 9 joue.
Le béret peut êtres un bonné ou otre chose. Dans chaque
équipe 2 ou n°1, 2 n°2 et insi de suite, quante on dit un n°,
le n° des equipe vine pous eseillei dactrapé le
béret, deux mai si le n° lotre equipe arrive en
maime temp il faut finté. finte veu dire qu'il faut
fair senble de latrapé pour quil vous touche et
pendant se tant vous prené le béret et aprés vous
revené dans votre équipe et vous avé gagné 1 point. Si
êtres pas sassé rapide et que lautre a desga prie
le béret il faut le toucher alors vous gagné un point
Salade veut dire que tout les n vine en sen ble, et
voila régle du béret

Doc. 9 : Régis, 8 ans, premier jet.

* Ce chantier s'est déroulé dans un CE2 en janvier.

Confrontation avec les écrits des autres

On se passe les feuilles et chacun en lit cinq ou six.
On réfléchit à ce qu'on a soi-même oublié par rapport aux textes lus.

Mise en commun

Le « déballage oral » des remarques nécessite très vite la mise en place, au tableau, de deux colonnes. Les remarques des enfants y sont écrites.

Ce que j'ai oublié dans le déroulement du jeu	À partir de ce qui m'a gêné pour lire, penser à :
— Qui gagne, qui perd. — Un 2 ne peut pas toucher un 5. — Expliquer « salade ». — Nombre d'équipes. — Que faire s'il y a un blocage (personne n'attrape le béret) ? — Nombre de joueurs dans une équipe ? — On peut tourner autour du béret. — La disposition des équipes. — Mettre la main dans le dos.	— bien écrire ; — éviter les fautes d'orthographe (ça gêne pour lire) ; — ne pas écrire trop serré ; — aller à la ligne à la fin de chaque phrase.

Confrontation avec les écrits sociaux

La maîtresse distribue deux photocopies d'une même règle de jeu, prise dans deux livres différents : « Le tir aux lièvres ». Observation et lecture individuelles.

Mise en commun : on complète le tableau déjà élaboré :
— présence d'un schéma,
— les phrases sont courtes,
— utilisation de tirets, de « points », d'alinéas,
— deux parties :

situation, mise en place du jeu (nombre d'équipes ? nombre de joueurs ? arbitre ?),
déroulement du jeu.

Élaboration d'outils

À la demande de quelques enfants, confondant les deux parties (situation et déroulement), une « silhouette » de la règle de jeu est réalisée au tableau pour la deuxième écriture. Une polycopie est par la suite insérée dans le dossier « règle de jeu » pour servir d'outil à une écriture ultérieure (Doc. 10).

Nom du jeu

Situation

Schéma

(pour la disposition des joueurs et les distances)

- nombre d'équipes
- nombre de joueurs
- matériel
- arbitre

Développement

-
-
-
-
-

(Ecrire les différents moments du jeu en phrases simples et en faisant des alinéas).

Doc. 10 : Outil de synthèse : « silhouette » de la règle, format 21 × 29,7.

Situation

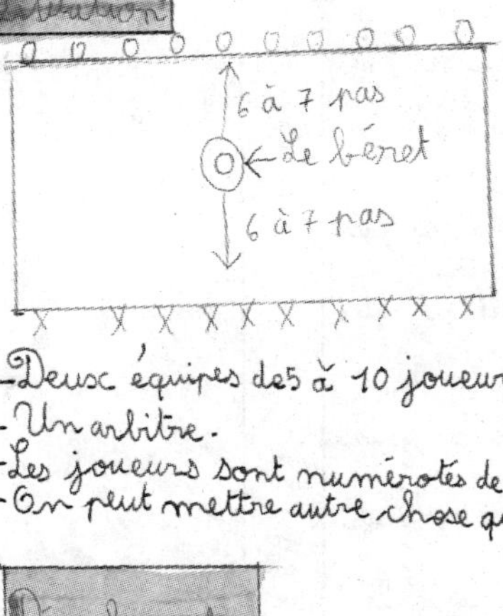

- Deux équipes de 5 à 10 joueurs.
- Un arbitre.
- Les joueurs sont numérotés de 1 à 5 ou 10.
- On peut mettre autre chose qu'un béret.

Déroulement

- L'arbitre appelle un numéro.
- Les joueurs courent pour attraper le béret avec la main dans le dos et rentrent sans se faire toucher dans leur équipe.
- Mais s'ils arrivent en même temps, il faut "feinter" ou appeller un numéro
- Un numéro ne peut pas toucher un autre numéro.
- Si un des deux joueurs touche l'autre, il gagne un point.
- Si l'arbitre dit "salade" tous les numéros viennent en courant attraper le béret

Doc. 11 : Régis, 8 ans, production finale, format 21 × 29,7 (voir son premier jet, Doc. 9).

Réécriture intermédiaire

Réalisation d'une maquette.
Cette deuxième écriture est suivie d'une évaluation formative : réponses à un questionnaire portant sur les caractéristiques de ce type de texte, puis toilettage orthographique.

Production finale

Pour le destinataire, chaque élève recopie sa règle de jeu « chef-d'œuvre », en complétant ou en corrigeant si besoin est la maquette précédente (Doc. 11 page précedente).

19½/20

La règle de jeu
(évaluation)

	Sur	
• As-tu écrit droit ?	1	1/2
• As-tu fait des ratures ?	1	1/2
• As-tu fait 2 parties soulignées : Situation ? Déroulement ?	1	1
• As-tu mis un titre ?	1	1
• As-tu marqué les alinéas par • ou – ?	1	1
• As-tu fait des fautes d'orthographe	1	1
Dans **Situation**		
• As-tu fait un schéma (pour la disposition)	1	1
" " (pour les distances)	1	1
• As-tu précisé . le nombre d'équipes ?	1	1
. le nombre de joueurs ?	1	1
• qu'il faut numéroter les joueurs	1	1
• qu'il faut un arbitre	1	1
• qu'il faut un béret ou autre	1	1
Dans **Déroulement**		
• As-tu précisé : le rôle de l'arbitre	1	1
– ce que doivent faire les joueurs appelés	1	1
– comment ils doivent placer leur main	1	1
– ce que font 2 joueurs s'ils arrivent en même temps auprès du béret	1	1
– qu'un numéro ne peut en toucher un autre	1	1
– ce que fait l'arbitre en cas de blocage	1	1
– ce que veut dire " salade "	1	1
TOTAL		18 ½

Doc. 12 : Auto-évaluation finale d'Isabelle revue par la maîtresse qui a ajouté un point.

Évaluation

Elle se fait à deux niveaux :
— Évaluation sommative et individuelle (Doc. 12) faite conjointement par l'élève et par la maîtresse.
— Évaluation par le destinataire.
Les textes ont été donnés à l'autre classe et les enfants ont dû jouer au béret à partir des règles écrites, sans une explication du maître : bilan très positif pour l'ensemble de la classe.

C. QUELQUES AUTRES CHANTIERS SUR LA FICHE PRESCRIPTIVE

• Dans une classe de perfectionnement, le projet de classe était une sortie à bicyclette et l'un des projets d'écriture, une notice de réparation d'une crevaison (Doc. 13).

Réparation d'une crevaison

matériel nécessaire :
- rustines
- colle
- grattoir
- démonte-pneus.

opérations à accomplir :

① retournez le vélo, dévissez les écrous et démontez la roue
② Enlevez le pneu avec des démonte-pneus, en prenant garde de ne pas pincez la chambre à air. Dévissez la valve et enlevez la chambre à air.
③ Grattez les alentours du trou pour nettoyer, mettez de la colle sur la chambre et sur la rustine. Attendez que cela ne colle plus aux doigts, appliquez la rustine et attendez cinq minutes. Vérifiez en gonflant un peu que la rustine ne se décolle pas.
④ Replacez la chambre à air en commençant par la valve. Remboitez le pneu sans pincez la chambre à air.
⑤ Mettez la roue sur la fourche, centrez-la en tendant la chaîne et vissez les écrous.
⑥ Regonflez le pneu. N'oubliez pas de vissez la valve et de remettre le petit bouchon.

Doc. 13 : Notice de réparation.

• Dans une classe de CM1, à la suite de l'installation d'un aquarium en classe, le projet écriture a été : « Notice d'entretien de l'aquarium » (Doc. 14).

Hawa 10 ans L'aquarium

Entretien

• nettoyer les vitres avec la brosse aimantée

• nettoyer les sable et les plantes avecl'aspirateur

• mettre de l'eau de source

• surveiller la température, surveiller le fonctionnement des appareils

Nourriture des poissons

• les nourris tous lesmatins avec Tetra Menu

Attention !

• ne pas débrancher le fil de terre

• ne pas déplacer l'aquarium

Doc. 14 : Notice d'entretien.

MENU

tothonsama

*

stecks frites

*

fromages assortis

*

forêt noire

*

bûche à la confiture

*

salade de fruits

*

• Dans une autre classe de CM1 où il avait été convenu de faire un repas de Noël en commun, le projet d'écriture a été « Écriture de menus et de recettes » (Doc. 15).

Doc. 15 : Menu.

Matériel
- carton
- ciseaux
- papier décalque
- peinture
- pâte à modeler

Construction d'un perroquet.

comment fabriquer le perroquet

1. décalquer le perroquet qui est sur le papier.
2. découper son support puis tout découper.
3. découper le papier décalque où il y a le perroquet et son support.
4. recopier le papier décalque sur le carton en suivant les pointillés.
5. découper le perroquet qui est sur le carton et son support.
6. peindre l'une des 2 faces du perroquet ensuite laisser sécher puis peindre l'autre face.
7. mettre de la pâte à modeler dans la queue de l'oiseau.
8. glisser le support dans le ventre du perroquet.

Fabien - 10 ans

Remarque

et voilà un beau petit perroquet bien fait. Mettre le perroquet sur une étagère et lui donner une petite tape sur la tête!

Doc. 16 : Réinvestissement dans un CM. Fiche de montage.

Le document 16 est un réinvestissement : élaboration d'une fiche de montage en travaux manuels.

• Dans une classe de CM2 qui avait décidé de peindre une frise murale sous le préau, le projet d'écriture a été « Le plan de travail de la frise murale » ; le document 17 est un transfert, à la manière de Prévert (pour faire le portrait d'un oiseau). Voir page suivante.

Quelques conclusions

1. *Place dans l'année*
Ce type de chantier peut se dérouler assez tôt dans l'année car le texte :
— n'est pas très long à rédiger par les enfants, répond à des règles strictes, est facile à gérer par l'enseignant,
— est presque indispensable à tous les projets de classe,
— permet de mettre facilement en route d'autres chantiers :

> le compte rendu pour la décentration nécessaire, la présentation, l'écriture,
> les textes abrégés, l'affiche (blocs de texte, présentation claire).

2. *Points forts*
Ce chantier sera l'occasion de découvrir une écriture non linéaire avec blocs de texte, de faire de la mise en page avec des maquettes éventuellement, d'étudier plusieurs sortes de calligraphies. Sur le

plan des activités métalinguistiques, l'impératif est incontournable et est confronté à d'autres « façons de donner des conseils » ; d'autre part, les phrases infinitives permettent la consolidation, si besoin est, de la notion de verbe.

3. *Points délicats*

— Confusion dans l'emploi de l'impératif et de l'infinitif au niveau des pronoms personnels compléments (le porter/portez-le).

— Difficultés à structurer le texte en paragraphes, alinéas, tirets... en fonction des différentes opérations à accomplir.

Comment faire le portrait d'une forêt sur des murs

Peindre d'abord un arbre
puis un autre
et faire une grande forêt
~~et dessiner plein d'animaux~~
des écureils, et des chevreuils
peindre un gros soleil
et mettre des couleurs
comme un arc-en-ciel
et peindre le fond des feuilles.
des arbres en vert
des troncs en marron
le soleil jaune
les écureuils et les chevreuils roux
le sol vert
des fleurs bleues, jaunes, rouges, roses, oranges, blanches
et les tiges vertes
peindre des mares et des ruisseaux
en les faisant bleu et blanc
et les animaux viendront boire dedans
et ce sera comme un tableau
que vous aurez peint avec vos pinceaux.

Madline
CM2 11 ans

Doc. 17 : Plan de travail pour réaliser une frise murale.

4. COMPTES RENDUS

Le compte rendu est un écrit à fonctions dominantes référentielle et informative. Ce type de texte suppose que l'on cerne une réalité précise et permet de rendre compte de faits, d'opérations, d'événements enchaînés d'une manière rigoureuse. C'est un texte qui a une toute autre polarisation que le récit de vie où dominent au contraire les fonctions expressives et narratives.
À partir d'une même réalité vécue, suivant la manière dont celle-ci sera rapportée, on obtiendra donc deux types de textes différents : un compte rendu ou un récit de vie.

Le compte rendu permet d'apprendre :
— à communiquer un ensemble structuré d'informations (processus, relations de cause à effet ou chronologie),
— à présenter clairement ces informations avec blocs de textes apparents,
— à écarter les fonctions expressive et narrative du récit de vie,
— à ne s'en tenir qu'au référent.

On peut faire un compte rendu :
— de visite,
— de réunions,
— d'expériences scientifiques,
— de recherche, de documentation,
— de rencontre avec une personnalité ou un spécialiste.

Il peut prendre alors différentes formes, suivant qu'il sera destiné à être :
— un article dans un journal scolaire,
— une fiche servant de référent,
— un affichage (mémoire collective).

Nous avons volontairement écarté de ce chantier le compte rendu de lecture d'ouvrages de fiction (album, romans). Il nous a semblé que cela relevait davantage du résumé, avec structure homologue de celle de l'ouvrage que l'on résume (voir chantier « nouvelle »).

Situations favorables

— Une sortie (musée, visite).
— La venue d'un intervenant extérieur.
— Une expérience ou des observations scientifiques.
— Un projet nécessitant la recherche d'informations dans des documents (livres, articles).
— Une enquête...

Toutes ces situations s'inscrivent à l'intérieur de projets de vie quotidienne, de projets-connaissances ou de projets-entreprises.

A. COMPTE RENDU D'UNE VISITE DE MUSÉE *

Projet de classe

Visite d'une partie du Musée de l'Homme à la fin de l'étude de l'évolution de la vie en biologie.

Projet d'écriture

Avant la visite, la directrice de l'école a demandé aux enfants de lui faire un compte rendu pour l'insérer dans un dossier de documentation et l'aider à informer d'autres classes ultérieurement.
Les enfants conscients de la difficulté de la tâche ont prévu une prise de notes au cours de la visite.

Préparation du chantier par l'enseignant

(Voir trame pp. 100 et 101.)

Échange oral sur les paramètres de la situation

Au retour de la visite, séance de « déballage » sur ce qu'on a vu et premières interrogations concernant le compte rendu pour Mme E. :

— De quoi va-t-on rendre compte (quel référent ?) ? Du voyage en car ou de la vitrine où l'on a vu Lucy (le plus vieux squelette de femme australopithèque retrouvé) ? Sans hésitation, c'est la deuxième solution qui est choisie, c'est-à-dire que d'emblée, pour les enfants, faire le compte rendu de la visite du musée n'est pas faire le compte rendu de la sortie. Certains enfants sont amenés à préciser qu'il ne s'agit pas de « raconter » la visite mais de « dire ce qu'on peut voir » au Musée de l'Homme. Cette formule est donc retenue comme *but* de l'écrit à produire.

— Qu'est-ce qu'un compte rendu ? Quelle représentation s'en font les enfants ?
À l'issue de cette discussion, il s'est avéré que les enfants ne s'en faisaient aucune « image » sauf que cela « ne devait pas ressembler à une lettre » (objet du précédent chantier).

Le maître avait un choix à faire : lancer tout de suite une première écriture ou bien donner d'abord à observer des compte rendus existants.
Il a finalement opté pour la deuxième possibilité afin de sécuriser les enfants qu'il sentait à la fois très désireux de bien faire et inquiets devant un type de texte qu'ils cernaient mal.

* Dans une classe de CM1 en décembre.

TRAME DE PRÉPARATION DE L'ENSEIGNANT *

TYPE DE TEXTE MIS EN CHANTIER DANS LA CLASSE	*COMPTE RENDU D'UNE VISITE AU MUSÉE DE L'HOMME*
1. REPRÉSENTATION PRÉALABLE QUE JE ME FAIS :	
• de la situation de communication : les paramètres déterminants.	
Destinataire (statut : à parité ou non)	*adulte connu : directrice de l'école avec fonction institutionnelle précise.*
Énonciateur (à quel titre ?)	*enfant à titre d'élève de l'école.*
But	*que le CR serve de documentation à la directrice pour informer d'autres classes sur le contenu de la visite.*
Enjeu	*que cette documentation soit fonctionnelle (claire et précise).*
Objet précis de la communication (référent)	*Présentation des documents vus au Musée et de ce qu'on en a retiré pour la connaissance l'évolution de l'Homme.*
• du produit fini :	
Justification du choix de ce type de texte dans l'éventail des textes possibles	*Le destinataire a besoin d'informations structurées et faciles à lire.*
Allure générale du texte	*Fiche pour mémoire.*
Choix du matériel : supports possibles Outils scripteurs possibles Coût financier (éventuellement)	*Exemplaire unique sur feuille(s) 21 × 29,7.* *Écriture manuscrite directe.*
2. LES CARACTÉRISTIQUES DU TEXTE QUE JE PRÉVOIS : (voir suite)	

* Rappel : Cette trame est destinée à aider l'enseignant à concevoir, animer et évaluer le chantier. Elle est un support pour l'élaboration d'outils de systématisation avec les enfants. En aucun cas elle n'est destinée à leur être donnée préalablement à l'écriture.

<table>
<tr><td colspan="2">2. LES CARACTERISTIQUES DU TEXTE QUE JE PRÉVOIS :</td></tr>
<tr><td colspan="2">• Structure d'ensemble (superstructure) :</td></tr>
<tr><td>Schéma typologique ou silhouette

Plan qui apparaît par la typographie et la disposition dans l'espace : titre - sous-titres - tirets - alinéas - couleurs - paragraphes - illustrations.</td><td>Organisation interne

Déroulement chronologique de la visite.</td></tr>
<tr><td colspan="2">• Linguistique du texte :</td></tr>
<tr><td>Fonctions dominantes organisatrices du langage</td><td>référentielle + informative + explicative.</td></tr>
<tr><td>Choix pertinents pour ce type de texte :
— énonciation (personnes, espace/temps)
— système des temps
— lexique</td><td>« je » « on » ou « nous » pour les visiteurs « il(s) » « elle(s) » pour les documents évoqués.
Situation vécue → passé composé
Partie CR historique → présent
ou → imparfait/passé composé.
Les synonymes de voir et dire.
Vocabulaire ethnologique de la visite.</td></tr>
<tr><td>Cohérence à rechercher :
— marques d'énonciation
— adverbes et temps
— substituts (anaphoriques)
— connecteurs</td><td>Sensibiliser les enfants à la nécessité de la cohérence sur tous ces plans.
Systématiser avec les enfants en élaborant des outils.
S'assurer de cette cohérence lors de l'évaluation des productions finales.</td></tr>
<tr><td colspan="2">• Linguistique de la phrase (dans ses aspects les plus fréquents pour ce type de texte) :</td></tr>
<tr><td colspan="2">R.A.S. a priori</td></tr>
<tr><td colspan="2">3. ACTIVITÉS DE SYSTÉMATISATION MÉTALINGUISTIQUES, envisagées dès la préparation ou retenues après analyse des « premiers jets » des enfants</td></tr>
<tr><td colspan="2">— Etude de l'imparfait et du passé composé fonctionnement, formes, orthographes.

— Vocabulaire ethnologique de la visite</td></tr>
</table>

Confrontation avec des écrits sociaux

Documentation utilisée :
— compte rendu d'une visite chez les pompiers (BTJ),
— compte rendu d'une visite dans une ferme (journal scolaire).

Consigne donnée :
« Observez rapidement le texte sans le lire en détail. Attachez-vous à la présentation. »

Mise en commun des caractéristiques relevées :
Cela a donné, après reclassement au tableau, la feuille polycopiée suivante, conservée comme outil par chaque enfant dans son dossier du chantier « compte rendu ».

PRÉSENTATION

- un titre } au milieu de la page
- des sous-titres } à gauche,
- souligner, mettre des couleurs, encadrer,
- mettre :
  — des numéros I 1
  2
  II 1
  2
  3
  etc.
  — des alinéas (des tirets),
- laisser des espaces,
- faire des paragraphes,
- aller à la ligne suivante,
- mettre :
  — des schémas
  — des illustrations, dessins, photos.

Pourquoi une telle présentation ?

- pour donner envie de lire,
- pour que cela soit clair,
- pour que cela « fasse joli ».

Premiers jets individuels (Doc. 1 et 2)

La consigne se limite à « Écrire le compte rendu de notre visite pour Mme E. »

N.B. : les enfants savent que, dans un chantier, il y aura plusieurs étapes d'écriture mais qu'on va le plus loin possible dès le premier jet.
Observation : tous les enfants se sont investis dans leur travail, la plupart ont utilisé les notes prises au cours de la visite.

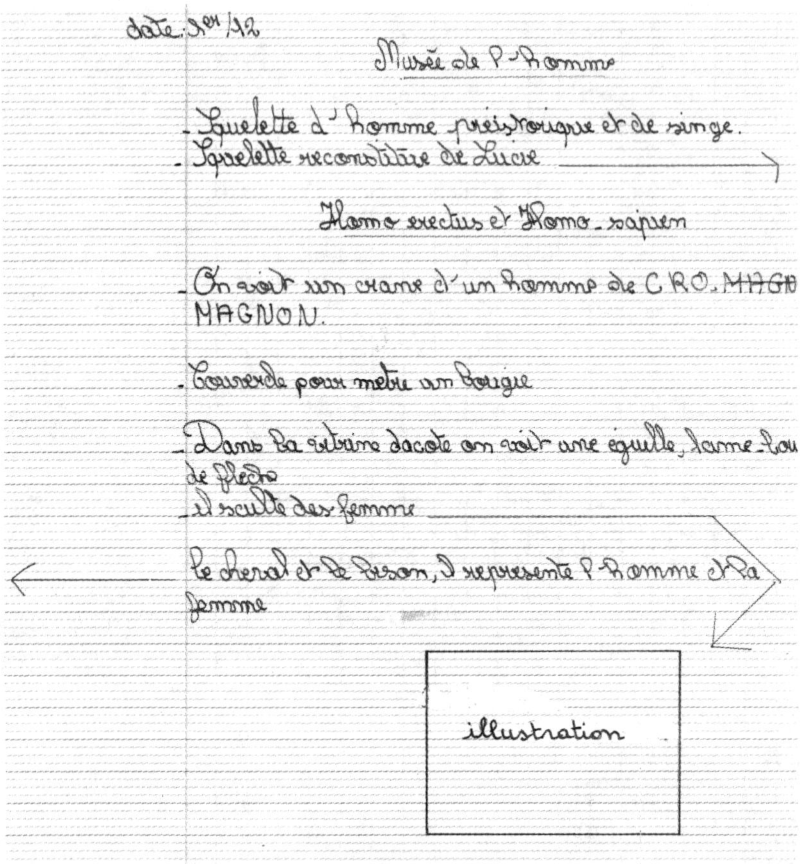

Doc. 1 : Guillaume, 9 ans 1/2, première écriture format 21 × 29,7.

Confrontation des premiers jets

Elle prend la forme d'une première auto-évaluation sur la superstructure du texte à partir d'une grille préparée par le maître et conçue comme procédure facilitatrice (Doc. 3) ; puis le maître organise la circulation des textes et des grilles par groupes de trois ou quatre pour que chacun voie son texte évalué par d'autres et évalue quelques textes produits par d'autres. Sur la superstructure, ce qui est ressorti de cette confrontation, c'est que les caractéristiques de présentation du compte rendu sont apparues dans tous les textes des enfants (titre, sous-titre, numéros, etc.).

Remarques des enfants, portant sur d'autres aspects, et mises en commun au tableau. Il y a des oublis sur la visite, des répétitions à éviter, et des fautes d'orthographe.

Les anciens singes.

A partir de — 50 000 000 000

Australopithèque — 3 000 000 d'années. Excemple : Lucy : âgée d'une vingtaines d'années. Elle avait un crâne de singe, moin compliqué que le nôtre. Le front est rond.

2 000 000 ans — Homo Habilis

Homme habile. Il se sert de ses mains. Il mange de tout (il est omnivore). Ils se multiple.

500 000 ans — Homo Erectus.

Ont le retrouve un peut partout : Afrique, Europe, Asie

4 000 000 ans — Maitrise le feu.

150 000 ans — L'homme de Néandertal Allemagne

35 000 ans — L'homme de Cro-Magnon

La taille fait entre 1,80 et 1,95. Son cerveau est le même que le nôtre. C'est les premiers Homo Sapiens

Doc. 2 : Pierre, 9 ans 1/2, première écriture format 21 × 29,7.

Grille d'évaluation Nom : Date :

○ moi 8

J'ai écrit { sur ______ / avec ______

L'organisation du C.R (A)	OUI	NON	remarque
• j'ai mis un titre			
• j'ai mis des sous-titres			
• j'ai mis des numéros			
• j'ai souligné			
• j'ai utilisé des couleurs			
• j'ai fait des paragraphes			
• je suis allé à la ligne souvent			
• j'ai fait des schémas			
• j'ai mis des illustrations			
• mon travail est propre et bien présenté			
Le texte lui-même (B)			
• j'ai écrit ce que j'avais vu dans les vitrines			
• j'ai fait le C.R dans l'ordre de la visite			
• mes notes m'ont bien aidé(e)			
• j'ai oublié des "choses"			
• j'ai écrit des "choses" dont je ne suis pas sûr(e)			
• j'ai précisé si la visite m'a plu ou déplu			
• j'ai raconté la sortie en car			
• j'ai parlé de la Tour Eiffel			

Doc. 3 : Grille de lecture des premières versions des comptes rendus.

Évaluation de l'ensemble des premiers jets par le maître

Premières constations :
• La majorité des enfants a tiré profit du travail fait préalablement sur la superstructure dans ses aspects de présentation, mais tous les enfants n'ont pas saisi que l'ordre de présentation du compte rendu est lié de fait à la chronologie des étapes de l'évolution (du singe à l'homme) présentées dans les vitrines du musée.
• Les problèmes de concordance des temps n'ont pas été perçus par les enfants dans la partie historique *(est/était, les hommes fabriquaient/l'homme habite)* et par ailleurs, le maître a noté l'hésitation entre *nous voyons/nous avons vu.*
Les enfants doivent apprendre qu'ils ont un choix énonciatif à faire : présent historique ou imparfait/passé composé.

Élaboration d'outils

• *La superstructure*
La grille d'évaluation (Doc. 3) est devenue outil pour la superstructure du compte rendu.

• *Les oublis*
Le maître a posé la question aux enfants : « Comment pourrait-on résoudre le problème des oublis ? »
Ils ont alors suggéré de mettre leurs notes en commun par petits groupes puis d'afficher le résultat de leur confrontation pour une mise à disposition du groupe-classe. Le maître n'est pas intervenu malgré les quelques manques observés, l'essentiel de la visite ayant été relevé après la mise en commun.

• *La chronologie*
Les mêmes petits groupes ont été chargés d'établir un plan respectant le déroulement de la visite correspondant à l'évolution de l'homme ; ce plan a été utilisé par la suite par chaque enfant.

• *Le lexique*
— Vocabulaire spécifique à l'évolution de l'homme.
Une récapitulation collective a été faite au tableau d'après les notes prises par les enfants puis polycopiée pour devenir un outil (Doc. 4).
— Recherche de synonymes des verbes *voir* et *dire,* trop souvent répétés dans les premiers jets.

• *Le temps des verbes*
Pour aider les enfants à résoudre les problèmes relatifs aux temps, il y eu deux réunions de travail :
— une de sensibilisation quant à la valeur des temps :
présent historique,
relation : imparfait/passé composé ;

— une systématisation orthographique : apprentissage des terminaisons du passé composé et de l'imparfait (le présent ayant été vu antérieurement).

Vocabulaire

- squelette	outils	- statuettes
- reconstitution de.	- pierres taillées	- ivoire de mammouth
- crâne	- bifaces	- cérémonies
- mâchoire	- éclats de pierres	- sanctuaire
- crocs	- bois de rennes	-
- front	- harpons	
- bourrelets	- aiguilles	
- intelligence		
- développement du cerveau		

Australopithèque [squelette de Lucy. premier squelette humain retrouvé en Afrique

Homo Habilis : homme habile

Homo Erectus : homme qui se redresse

Homo Sapiens : homme qui pense

{ de Neanderthal { du nom des grottes où
{ de Cro Magnon { on a découvert les squelettes

Voir	Dire	
"il y a"	La conférencière nous a	Nous avons
regarder	- raconté	{ - appris
observer	- expliqué	{ - découvert.
escaminer	- parlé de	
comparer	- déclaré	
admirer	- affirmé	
nous montrer	- annoncé	
	- indiqué	
	- fait remarquer	

Doc. 4 : Récapitulatif de vocabulaire utile.

Réécriture intermédiaire puis finale (Docs. 5 et 6)

À l'aide de tous les outils construits précédemment et réunis dans un dossier individuel ou affichés dans la classe (terminaisons des verbes), l'écriture finale s'est faite suivant le plan choisi par chaque enfant.
Un toilettage orthographique des textes a été fait individuellement, les fautes étant assez peu nombreuses. Il n'y a donc pas eu d'écriture intermédiaire pour éviter le côté fastidieux de réécriture pour ce type de compte rendu, long pour des enfants de cet âge.

Dernière évaluation

Elle a de nouveau été faite à l'aide d'une grille établie par le maître portant cette fois-ci sur le contenu précis de la visite (j'ai vu, j'ai appris) et sur l'énonciation :

Ex. : *J'ai utilisé jusqu'au bout le pronom*
que j'avais choisi pour parler de nous
(je, nous ou on).
ou
J'ai utilisé jusqu'au bout
soit le présent / le passé composé
soit l'imparfait / le passé composé
quand je parle de l'évolution

Il en est ressorti que :
— La superstructure était bien intégrée.
— Il y avait encore des oublis dans les informations.
Les plus grosses difficultés de l'énonciation étaient maîtrisées.

À ce stade du chantier s'est posée la question : « Lequel de nos comptes rendus va-t-on donner à Mme E. ? »
— Première suggestion collective : « On choisit le plus complet et le mieux écrit ». Observation : Aucun compte rendu n'est vraiment complet.
— Deuxième suggestion faite par le maître et adoptée par les enfants : « On met tout ce qu'on a écrit dans nos comptes rendus en commun et on n'en fait qu'un seul ».

Le plan choisi collectivement fut celui de la succession des vitrines et non celui de l'évolution (autre plan proposé), car il correspondait davantage aux attentes du destinataire.
Ce dernier compte rendu a été écrit au tableau par le maître-secrétaire d'après le plan retenu et suivant les renseignements apportés par les enfants à partir de leur compte rendu. Il a été ensuite recopié par un élève et porté à Mme E. au nom de toute la classe. L'ensemble de ce travail s'est étalé sur trois semaines.

Conclusion

Les situations de réinvestissement (citées ci-dessus) pouvant être assez nombreuses dans les projets d'une classe sur une année font qu'un chantier sur le compte rendu trouverait bien sa place en début d'année. La réalisation de ce chantier permet, par la suite, l'écriture de comptes rendus différents de celui travaillé en chantier et un réinvestissement possible dans d'autres chantiers (par exemple, la régle de jeu : superstructure, chronologie, etc.).

Compte rendu
de la visite du Musée de l'Homme

Le vendredi 28/11, j'ai été au Musée de l'Homme à Paris et il y avait une conférencière pour nous expliquer les vitrines.

I. - Squelette homme et singe. - Nous avons regardé les 2 squelettes
différences: entre l'homme et le singe

* L'homme a les bras plus courts que le singe et aussi il se redresse
- Le singe a les gros bourrelets, des crocs et il a les bras plus longs

II. Australopithèque.

* Nous avons vu la photo du squelette de Lucy et un crâne d'enfant Australopithèque.
- Lucy marche sur 2 jambes: ce n'est pas un singe
- Elle a de gros bourrelets aux yeux

(coupure)

reprise

VI. Homo Sapiens (CRO-MAGNON)

Nous avons remarqué qu'il n'a plus de bourrelets
- Il a le même crâne que nous et aussi gros

* Les outils de CRO-MAGNON. Nous avons vu des outils en bois de renne: harpons - aiguilles - des dents avec un trou. Cro-Magnon a aussi inventé la lampe [→] mèche graisse d'animal

- l'animal le plus précieux pour l'homme de CRO-MAGNON est le renne
Cro-Magnon utilise le feu
* Les statuettes en ivoire de mammouth de Cro-Magnon nous les avons admirées
- elles sont petites
- et elles représentent des femmes pour eux elles représentent la vie
* reconstitution d'une grotte. Nous avons regardé des peintures de bisons et de chevaux. Où il y a des peintures c'est un lieu de cérémonie.

Doc. 5 : Guillaume, deuxième écriture. Le texte a dû être réduit de trois paragraphes (III, IV, V). Comparer avec la première écriture (Doc. 1).

Visite au Musée de l'homme
avec une conférencière

1ère vitrine Un squelette homme singe

* J'ai comparé un homme à un singe

1) Les bras de l'homme étaient plus courts.

2/- Les singes avaient de grands crocs.

3/- Les singes avaient un crâne plus petit.
4)- Leur machoire était plus avancée
5/- J'ai vu que les singes avaient de gros bourrelets aux orbites des yeux.

2ème vitrine * Australopithèque
-50 000 000

Nous avons vu la photo du squelette de Lucy et des crânes d'Australopithèques:
1/. On l'a retrouvé en Afrique, l'Australopithèque marchait sur deux jambes. Prenons comme exemple Lucy, son véritable nom est Australopitèque. Le volume de son cerveau est de 500 cm³. Agée d'une vingtaine d'années elle mesurait entre 1 m 20 et 1 m 27 (elle commençait tout juste l'intelligence). Elle se défendait avec des cailloux. Les Australopithèques ont disparu il y a 1000000 d'années.

——————— (coupure) ———————

7ème vitrine * Les outil de Cro_Magnon

Ils utilisaient les éclats de silex qui bientôt seront des couteaux, ils chassaient beaucoup le Renne, prenaient la peau comme couvertures et les bois pour se faire des outils. Ils commencaient à pêcher avec des harpons (comme nous le montre la photo ci contre)

8ème vitrine * Les Statuettes en ivoire de mammouth

9ème vitrine * Les peintures de Cro_Magnon

Nous avons admiré des peintures de chevaux et de bisons et une scène de chasse faite de terre et de sang.

Doc. 6 : Pierre, deuxième écriture (réduite ici de quatre vitrines). Comparer avec la première écriture (Doc. 2).

B. UN AUTRE TYPE DE COMPTE RENDU : COMPTE RENDU D'UNE EXPÉRIENCE SCIENTIFIQUE *

La spécificité de ce compte rendu par rapport au précédent réside :
— en son contenu : observation scientifique,
— en son destinataire : documentation pour soi-même.

Projet d'écriture

Au cours de la réalisation du projet-connaissance « Étude des différents états de l'eau », une expérience sur les passages de l'état liquide à l'état solide a été réalisée par le maître devant les enfants **. Ceux-ci, après observation et prise de notes, avaient pour tâche d'en écrire le « déroulement » (le mot compte rendu n'est venu qu'après le premier jet) afin de l'insérer dans un dossier individuel de documentation sur l'eau.
Avant d'en arriver au déroulement même du chantier, il est utile de préciser que les enfants venaient d'écrire une règle de jeu dans un chantier précédent et que le compte rendu a été un très bon réinvestissement au niveau de la superstructure.

Déroulement

— *Premier jet.* Consigne donnée par le maître :
« Décrivez ce qui a été fait et observé pendant l'expérience en vous aidant de vos notes (prises pendant la réalisation) » (Doc. 7).

— *Confrontation des comptes rendus* par circulation dans la classe.
Observations notées au tableau :

erreurs dans la chronologie,
erreurs dans le relevé des températures,
pas de schémas ou schémas trop petits ou mal faits,
fautes d'orthographe.

— *Outils donnés aux enfants*
Une liste de vocabulaire se rapportant au matériel utilisé est établie collectivement au tableau.
Mise en commun des notes prises pendant l'expérience et récapitulées sur une grande feuille affichée.
Révision des formes du passé composé.

* Dans une classe de CE2 en janvier.

** Le maître a réalisé seul l'expérience pour deux raisons :
1. Beaucoup d'enfants ne savaient pas encore lire la température sur un thermomètre au moment de l'expérience.
2. Il souhaitait que dans ce cas précis, les enfants voient exactement la même expérience pour pouvoir juger de la justesse de leur observation et éviter que les erreurs de manipulation et de lecture viennent s'ajouter à la difficulté d'écriture d'un compte rendu.

L'eau et la glace

matériel
- un pot en plastique
- du sel
- de l'ear
- un pot en verre
- un thermomètre

dérolement

Dans un pot en plastique on met d
la neige et du sel.
on met de l'eau dans un pot en
verre.
on met le pot en verre dans la
neige.
puis un thermomètre dans le pot
en verre
Au bout de 3 mn → 10°
5 mn → 7°
10 mn → 3°
18 mn → 0°
la glace commence à se former.

Doc. 7 : Vincent, 8 ans, premier jet.

— *Écriture intermédiaire* suivie d'un toilettage orthographique individuel, si nécessaire. Cette étape était possible car il s'agissait, en l'occurrence, d'un texte assez court.

— *Dernière écriture* (Doc. 8) suivie d'une auto-évaluation à partir d'une grille établie par le maître portant sur la superstructure (titre, sous-titre, paragraphe, schéma...) et sur le déroulement de l'expérience (bilan très positif).

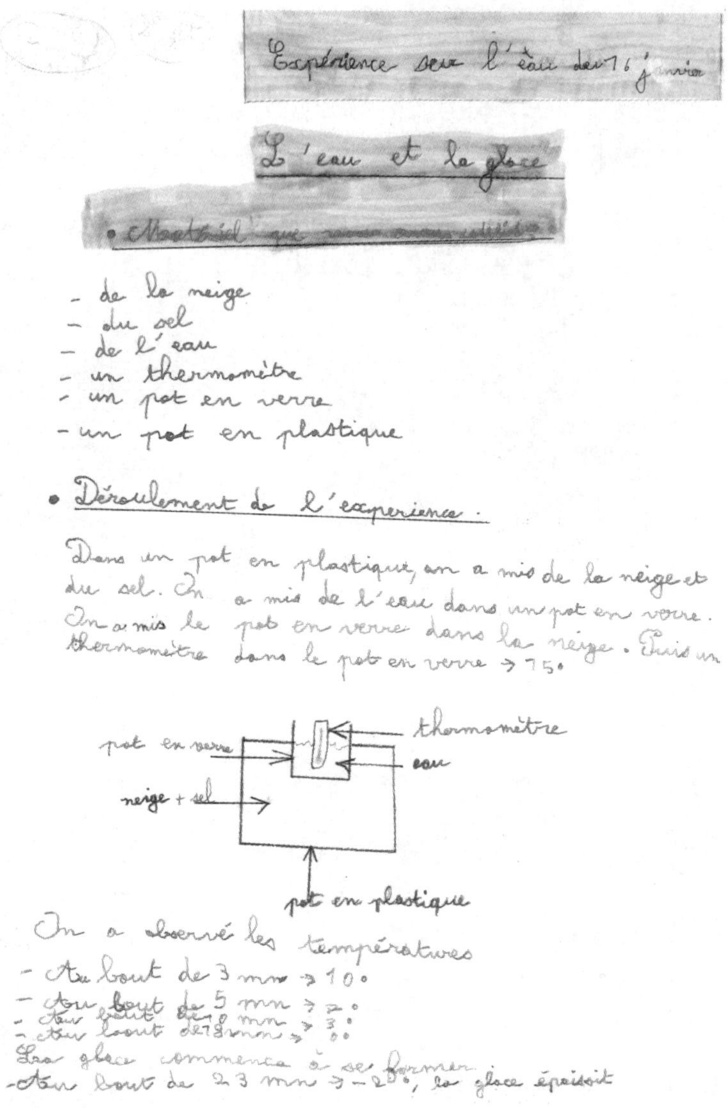
Expérience sur l'eau du 16 janvier

L'eau et la glace

• Matériel que nous avons utilisé

- de la neige
- du sel
- de l'eau
- un thermomètre
- un pot en verre
- un pot en plastique

• Déroulement de l'expérience.

Dans un pot en plastique, on a mis de la neige et du sel. On a mis de l'eau dans un pot en verre. On a mis le pot en verre dans la neige. Puis un thermomètre dans le pot en verre → 15°

On a observé les températures
- Au bout de 3 mn → 10°
- Au bout de 5 mn → 2°
- Au bout de 8 mn → 3°
- Au bout de 18 mn → 0°
La glace commence à se former
- Au bout de 23 mn → -2°, la glace épaissit

Doc. 8 : Vincent, 8 ans, deuxième jet.

Ce dernier compte rendu a été inséré dans un dossier comme il avait été prévu initialement.
Ce chantier a duré une semaine environ car il concernait un type de compte rendu beaucoup plus court que celui détaillé précédemment en CM1.

Pour ce compte rendu les enfants n'ont pas eu de problèmes en ce qui concerne la superstructure ; les caractéristiques relevées pour la règle de jeu leur ont semblé convenir, pour la plupart, à ce type de texte, c'est-à-dire « on y retrouve : un titre, des sous-titres, des paragraphes... c'est rangé dans l'ordre où ça se passe, etc. »

Les documents 7 et 8 ont été choisis car ils sont représentatifs des productions de l'ensemble de la classe.

Réinvestissement

Il pourra se faire à l'occasion de l'écriture d'un même ou d'un autre type de compte rendu : autre visite, autre expérience, autre recherche d'informations.

C. COMPTE RENDU D'UNE EXPOSITION *

Ce compte rendu différe de ceux décrits dans A et B par son destinataire : un journal scolaire.

Projet d'écriture

Les enfants de la classe étaient allés visiter une exposition diaporama à la PMI ** sur le thème « Les accidents ménagers » (visite libre sans conférencière).
Le lendemain, on a trouvé que ce serait bien d'informer les parents par le biais d'un journal scolaire.

Démarche du chantier

1. Premiers jets, la seule consigne étant « Faites par écrit le compte rendu de votre visite de la PMI : ce compte rendu destiné à vos parents sera inséré dans le journal scolaire de la classe » (Doc. 10).

Sallais Vendredi 23 Janvier 1987

Mme Mosser
PMI de Bosses

us avons vue un dispositif ou il nous fesait, voir des images d'accidens qui pourvait se produire,
es bébés, des enfants, des grandes prersonnes et de très vieilles personnes.
nous a permit de voir des choses qui pourvait arriver au enfants au bébés et grande et vieille persònnes et
chose très importante, la première chose quil fallait mètre les produits soit ranger dans des placars fermer à clés
hauteur. La deusciéme chose que, les médicaments doivent être ranger dans un placar enhauteur
a dèrrinière chose que les grands enfants rangent leur chambre sinon, les bébé mangeraies des boutons
atre choses.

Doc. 9 : Émilie, 9 ans, premier jet.

* Dans une classe de CE2 en décembre.
** PMI : Protection maternelle et infantile.

2. Étude de plusieurs comptes rendus écrits sociaux pour en dégager la superstructure.
3. Évaluation par les enfants de leur compte rendu à partir d'un questionnaire établi par la maîtresse.
4. Confrontation des grilles d'évaluation des enfants entre eux, puis avec la maîtresse.
5. À partir de leur évaluation et des règles de superstructure du compte rendu dégagées en 2., les enfants ont réécrit leur compte rendu.
6. Toilettage orthographique par la maîtresse.
7. Dernière écriture du compte rendu (Doc. 10).
8. Évaluation de cette dernière production et choix du compte rendu qui serait inséré dans le journal scolaire.

Les accidents de nos enfants

Cette dernière version manuscrite
sera tapée pour le journal.

1) Les brûlures: L'enfant est dans son bain, il touchera au robinet et se brûlera s'il ouvre le robinet d'eau chaude.

Le remède: Quand vous voulez donner un bain à votre enfant il faut faire couler de l'eau chaude et de l'eau froide, et faire attention à la température de l'eau.

2) Les intoxications: Si vous prenez une bouteille de jus de fruit qui est vide et que vous remplacez le jus de fruit par un produit toxique, l'enfant boira du produit et s'intoxiquera même les grandes personnes peuvent en boire.

Le remède: Pour les petits il faut ranger la bouteille dans un placard fermé à clé, pour les grands il faut mettre une étiquette et ranger la bouteille dans un placard fermé à clé.

3) L'asphyxie: Un enfant voit un sac par terre et il met le sac sur sa tête, ensuite il n'arrivera plus à l'enlever et il s'étouffera.

Le remède: C'est de ranger toujours les sacs dans un placard fermé.

(coupure)

Doc. 10 : Dernière écriture. Cette version sera tapée à la machine pour le journal.

5. *RÉCITS DE VIE*

La caractéristique commune des quatre types de textes précédents est la **décentration** de l'énonciateur par rapport à lui-même (référent et destinataire extérieurs à lui).

Mais peut-on créer à l'école le désir de s'exprimer (au sens fort de **parler de soi**), par écrit, autrement que par l'artificieuse rédaction ?

Récits de vie d'une part, poèmes et récits fictionnels d'autre part, peuvent être propices, directement ou indirectement, à cette dominante de l'expression de soi. Si le climat de la classe, les attentes du maître, les conditions de production, la destination des textes sont profondément modifiés par rapport à ceux de la rédaction, on peut arriver à une écriture très personnelle, très impliquante.

Mais un récit de vie très personnel est-il bien susceptible d'être travaillé en chantiers dont la caractéristique est précisément le travail socialisé ?

Nous avons répondu oui :
— oui, pour impulser (donner l'idée et l'envie de le faire) ;
— oui, pour donner quelques outils et inviter à en chercher d'autres (en particulier dans le chantier « nouvelle ») ;
— oui, parce que le récit autobiographique est devenu un type d'écrit social (mémoires, histoires d'une vie, témoignages, courrier des lecteurs, collections spéciales chez les éditeurs) qui dépasse le journal secret des adolescents. Se reporter au n° 45 de la revue *Pratiques,* « Les récits de vie », mars 1985 ;
— oui, en espérant que l'essentiel de l'écriture personnelle sera ce qui s'ensuivra, *au-delà* du chantier.

Le récit de vie, par définition, prend donc essentiellement en compte le *je* de l'énonciateur, implique l'enfant en tant qu'être unique, se donne comme objectif la relation par chacun, d'événements de sa propre vie.

À la différence de la « rédaction », artificiellement imposée, le « récit de vie » nécessite une vraie situation, une véritable émotion, qui exploitent les fonctions **expressive** et **narrative.**
Le « récit de vie » permet de parler, d'écrire à propos de soi, de faire partager en différé, de garder trace d'événements présents à la mémoire (récente ou lointaine), d'événements exceptionnels à forte dominante affective (heureux ou malheureux), ou, au contraire, de moments très quotidiens.

Le maître accepte de prendre en compte le *je* et de le faire prendre en compte par les enfants :
— le *je* qui a quelque chose à dire (« ma vie vaut la peine que j'en parle ») et qui sait le dire (« j'ai les moyens de l'exprimer »),

— le *je* de l'individu (« je détiens ce pouvoir »),
— le *je* de l'enfant-écolier (« je suis reconnu avec ce statut »).

Qu'est-ce qui peut faciliter l'écriture d'un récit à la première personne ?

• Dans la vie générale de la classe, apprendre l'expression et la valorisation de soi (oraliser, débattre, convaincre, séduire, échanger).
• Garder trace des émotions autrement que par le dire immédiat, être capable de *se décentrer,* de travailler sur sa mémoire.
• Confronter son vécu, ses perceptions, ses impressions, ses souvenirs à ceux des autres (accepter des perceptions différentes d'un même événement).
• Utiliser, construire des *outils* pour mettre en mots, mettre en *texte* ces récits de type particulier :
— *énonciation :* prise en compte du *je* qui écrit, qui module sa pensée, qui décrit son expérience,
— *la cohérence du récit,* sa logique, son dynamisme, sa dynamique..., qui peuvent prendre des formes différentes et non stéréotypées,
— *repères spatio-temporels* qui permettent de situer le récit, de le dater, de le localiser...,
— *utilisation des dialogues* et leur place par rapport au récit, (ponctuation particulière, verbes d'introduction ou de clôture, repérage de l'émetteur...),
— la forme et la place de la *description* par rapport au récit,
— *les compléments circonstanciels* indispensables à la compréhension de mon récit par d'autres,
— les catalogues
  — de *substituts* (tout ce qui peut remplacer un mot précis, dans une situation particulière) :
  — de vocabulaire par champ sémantique,
  — de verbes précis qui couvrent le domaine de l'expression, des impressions, des sentiments,

— *choix d'une tonalité* (satirique, dramatique, comique, romantique, réaliste),
— *la superstructure* s'apparente à celle du récit mais admet les intiatives innovantes de déroulement et de mise en page,

Beaucoup de ces outils sont communs au récit de vie et au récit imaginaire (voir chantier « nouvelle »).

En fait, le récit de vie écrit, prend en compte la dynamique de la nouvelle, conserve, la plupart du temps, le souci de l'organisation des faits du compte rendu (en perd l'objectivité), valorise l'implication de soi, peut prendre des formes proches du poème.

Les faits marquants de vie personnelle : fêtes, grandes joies, grandes peurs ou grandes peines, peuvent faire l'objet d'un récit de vie mais pas d'un travail en chantier car les événements relatés constituent rarement un référent commun à toute la classe.

Il en va autrement des événements tout aussi exceptionnels, mais concernant l'ensemble de la classe (voyage, sortie, classe transplantée, spectacle vu ou réalisé, visite de parents ou d'intervenants, réception et/ou visite des correspondants), ou des faits et gestes ordinaires mais sur lesquels on décide de porter un regard pointu, insolite.

Moyens de diffusion envisageables pour des récits de vie quand ils sont « socialisables »

Comment cet écrit sera-t-il communiqué aux autres ?
• Une **exposition :** quelle graphie adopter, quelles couleurs choisir pour le fond, le texte, quel format privilégier, quelle mise en valeur ?
• Un **album souvenir :** mémoire collective du groupe classe, moyen de communiquer avec ceux qui sont restés au « pays », ceux qui ne savent pas, ceux qui n'ont pas vécu.
• Un **journal de classe :** témoignage diffusé largement ou de façon restreinte (classe, école, commune).
Les idées ne manquent pas aux enfants dès lors qu'on a su éveiller leur intérêt pour ou par l'écrit.
• Plus secret, le **cahier de vie** ou **journal personnel.**

Nous allons présenter ici deux types de démarches :
— un récit de vie qui a donné lieu à un travail commun parce qu'il s'appuie sur un référent commun,
— un récit de vie plus personnel.

A. RÉCITS DE VIE À PARTIR D'ÉVÉNEMENTS VÉCUS EN COMMUN *

À l'occasion d'un séjour de trois semaines en classe de neige, les élèves de CM1-CM2 ont collectivement décidé de mettre à profit ce long temps de vie collective pour préparer un spectacle de qualité aux enfants des écoles de la commune, aux parents qui, eux, n'ont pas eu la chance de partir.
Il est prévu de consacrer six semaines à ce travail (une pour collecter textes, idées, documents, trois pour choisir, apprendre, mettre en scène, deux pour peaufiner les détails lors du retour). Ce qui fut décidé fut fait.
Le lendemain de leur prestation, qui a eu un grand succès, il va sans dire, les enfants se sentent vidés de leur raison de vivre (six semaines d'énergie, de mobilisation, de travail intense ont abouti).

* Dans un CM1.

Échange oral

Tout le monde parle de ses émotions, de son angoisse vaincue, de son bonheur, de sa surprise devant tout ce monde venu pour eux, des moments forts du spectacle, des petites erreurs, des imprévus et de leur façon de les gérer ; bien sûr, il est aussi question de l'admiration réelle des parents, étonnés de découvrir leurs enfants sous des aspects que, pour la plupart, ils ignoraient.
Il subsiste, malgré l'enthousiasme des copains, l'admiration des parents et leur propre satisfaction de la tâche accomplie, un goût de vide, de nostalgie ; chacun l'exprime à sa manière avec sa propre sensibilité, les échanges sont si denses qu'un enfant propose de mettre par écrit tout ce que l'on vient de dire :
— « On fera un album qui accompagnera les photos prises lors de la soirée. »
— « On pourrait aussi demander à nos parents de nous écrire leurs impressions sur le spectacle ? »
La proposition fait rapidement l'unanimité.
— « Ça fera un double album, les textes des enfants, les textes des parents, les photos ou des dessins pour illustrer... » (80% des familles vont répondre.)

Écriture des textes

La consigne est simple :
Écrire ce que l'on a vécu très sincèrement, en employant le *je* ; aucune autre contrainte, ni d'ordre chronologique, ni d'ordre préférentiel, ni d'ordre quantitatif. « J'écris ce que *moi*, j'ai vécu et ce dont je veux me souvenir... » Chacun choisit un moment, un événement...

Les enfants ont des approches très différentes, certains ont été fascinés par les réactions de la salle, d'autres par leur propre rôle, d'autres encore par la perception de leur exploit collectif, sans nier la qualité différente des interprétations.

Échange oral sur les productions :
Par tout petits groupes, les enfants échangent leurs textes, avec des camarades de leur choix, cette étape de travail ayant pour but de s'assurer que l'écrit est compréhensible pour le lecteur, repérer les répétitions, les ambiguïtés, vérifier ou s'interroger sur l'orthographe des mots.

Les remarques sont annotées dans la marge (laissée à cet effet) au crayon à papier ; on peut simplement mettre un point d'interrogation s'il semble qu'une explication supplémentaire soit nécessaire (Doc. 1).

Réécriture

Les feuilles rendues à leur légitime propriétaire, celui-ci tient compte ou non des remarques, demande des explications supplémentaires, conteste, fait appel éventuellement à l'arbitrage du maître. De toute façon le producteur demeure le maître de son écrit. Dans l'ensemble, les élèves, entraînés à ce type de travail,

Avant le spectacle je me disais que je n' arriverai jamais a faire le spectacle, a faire vivre mes textes, j'allais rigoler en plus, j'avais le trac mais il fallait y aller quand même !
Pendant le spectacle au skètch répétition je n'arrivais pas à rigoler (il était prevu de rigoler) parce que s'était la première fois que j'entrais sur scène. Je jouait bien à cause de de ne pas voir les parents alors je me disais que j'était seule dans la salle mais j'avais tout de même le trac. La dernière fois que j'entrais sur scène au Barbier s'était dure de mètre la mousse a rasé sur la tête de ma mère mais sa allait mieux que la première fois.
Après le spèctacle sa ne s'était pas passé comme je le pansait j'étais content d'avoir fait un spèctacle de retour de classe de neige.

Christophe CM1

remarques

à, répétitions à, je n'arriverais

répétitions

c'était ~ (M)

t, er, ça

répétition ça, s,

Doc. 1 : Christophe, première écriture avec annotations de copains-lecteurs.

Avant de monter sur la scène j'avais comme quelque chose qui me rendait nerveuse. Lors de ma première apparition sur scène, j'eus le trac. Heureusement que dans ce poème, je n'avais qu'à danser sur une musique très douce. Lorsque j'ai entendu les applaudissements ça m'a un peu réconfortée. Quand je suis descendue de scène, des camarades m'attendaient pour me dire que cela avait bien marché En entendant ces paroles, il y a eu comme un déclic en moi et lors de ma deuxième apparition sur scène j'étais dans une autre situation : je me sentais mieux sur scène, je n'avais plus le trac. En un seul mot, j'étais complètement prise par le spectacle. Comme "Alice au pays des merveilles", j'avais dépassé ma peur.

Erika CM2 12.02.87

Doc. 2 : Erika, CM, production finale.

reconnaissent très vite le bien fondé des remarques et en tiennent compte (Doc. 2).
Chacun met en page son texte en ne perdant pas de vue l' objectif visé : constituer un album collectif de moments forts du spectacle.
Tous ont à cœur d'écrire, de participer, de présenter leur texte, de le valoriser.
Dans la bibliothèque de classe, c'est un ouvrage qui sera très souvent consulté !

Confrontation avec d'autres écrits de même essence

Habitués à socialiser leur travail, les enfants s'intéressent presque instinctivement aux productions d'auteurs. Certes, Colette, Pagnol, Anne Franck ont obtenu leurs faveurs, mais aussi :
Mon bel oranger, de Vasconcelos,
La maison des petits bonheurs, de C. Vivier,
Quand je serai grande, de I. Keun,
L'enfant noir, de C. Laye.

B. RÉCIT DE VIE PERSONNEL (NON LARGEMENT SOCIALISÉ) *

Dès la rentrée scolaire, la maîtresse propose aux enfants d'utiliser un « cahier de vie » personnel qui servira pour des activités autonomes (fiches de lecture, jeux, etc.) et qui peut servir aussi de moyen de communication avec la maîtresse. Ils peuvent lui écrire ce qu'ils ont envie de faire, d'étudier, leurs projets (un peu comme une boîte à idées) et ils peuvent aussi « écrire des textes sur leur vie, leurs goûts, leurs problèmes, parfois difficiles à dire ».

Au mois de janvier, ce cahier fonctionne bien, mais, habitués qu'ils étaient aux exercices traditionnels, les enfants n'ont que peu écrit de textes plus personnels, sur leur vie. Quelques uns, cependant s'y essaient (Doc. 3). Aussi, afin de leur montrer qu'ils peuvent utiliser l'écrit autrement, la maîtresse leur apporte un texte qu'elle a écrit et qu'elle affiche dans le coin-lecture. Cela s'appelle « mon événement à moi ». Ce texte court raconte un épisode de la vie de la maîtresse. Il est signé.
Un enfant ayant fini son travail et s'étant installé pour lire au coin-bibliothèque remarque le texte de la maîtresse et le lit.
« Dis, maîtresse, qu'est-ce que c'est ce texte ?
— Oh, j'avais envie d'écrire ce qui m'est arrivé l'autre soir et je me suis dit : pourquoi ne pas l'écrire pour le raconter à mes élèves ?
— C'est bien, ce texte. Pourquoi on en ferait pas, nous, des textes

* Dans un CM2.

la peur

quand je suis aller en martinique, la nuit il
faisait noir et un soir, je dormait et je
vôllait des areignées sur mon lit, et j'ai
eu peur, et j'ai crié et ma mère ma
dit ~~que~~ ~~c'est~~ tu à eu peur de quoi
des areignées et elle à rigoler et elle à dit
dort et je me suis endormie

Doc. 3 : David, 11 ans.

comme ça, qu'on écrirait sur ce qui nous arrive à nous et qu'on afficherait dans le coin lecture ? »
Il s'ensuit une discussion sur ce qui arrive aux enfants de leur âge.
« Bof, moi, y m'est jamais rien arrivé dans ma vie, j'aurais rien à écrire...
— Mais si, tu peux parler de quelque chose qui t'a beaucoup touché, qui t'a fait plaisir ou t'a fait de la peine ; tu peux raconter une rencontre, une visite, un mariage, une boum...
— Oui, mais y'a des trucs, c'est personnel quand même...
— Ben, on n'est p'têt pas obligé d'signer et puis on peut les lire à qui on veut seulement.
— Ou bien même les garder pour soi. »

Après cet échange oral, la maîtresse propose aux enfants d'écrire un texte sur un événement qui leur est arrivé personnellement. Le texte pourra être affiché dans le coin lecture, lu aux autres ou demeurer dans le cahier de vie personnel.
Chacun se met à écrire son texte, racontant son propre événement, choisissant librement son destinataire : la classe, la maîtresse, un ou plusieurs camarades. Ce n'est pas une « rédaction » : chacun a sa propre personnalité, raconte son propre événement, y montre sa propre affectivité, et surtout, les attentes des uns et des autres sont très différentes de celles qui accompagnent la rédaction (Docs. 4 et 5).
La seule intervention de la maîtresse sur ces premiers textes écrits par les enfants est un « toilettage » portant sur l'orthographe et la ponctuation.

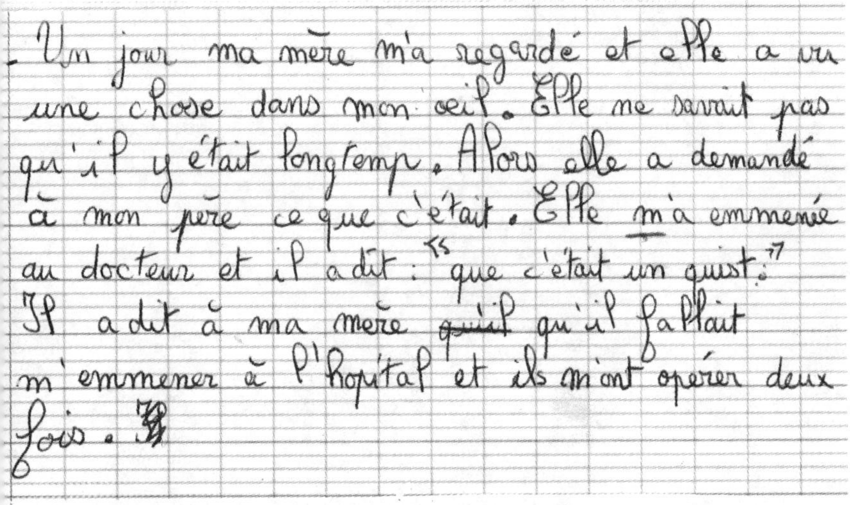
Un jour ma mère m'a regardé et elle a vu une chose dans mon oeil. Elle ne savait pas qu'il y était longtemp. Alors elle a demandé à mon père ce que c'était. Elle m'a emmenée au docteur et il a dit : « que c'était un quist. » Il a dit à ma mère ~~quil~~ qu'il fallait m'emmener à l'hopital et ils m'ont opérer deux fois.

Doc. 4 : Rose-Marie, 10 ans.

Ces écrits suscités ainsi ne constituent pas à proprement parler un chantier mais ils avaient pour but « d'enclencher la pompe » et ils se nourriront tout au long de l'année des acquis des autres chantiers, en particulier le récit de vie à référent commun, le compte rendu et la nouvelle.

Lundi 13 Octobre

Chagrin d'amour

un jour, à l'école, un garcon c'est approcher de moi il ma demander mon prenom, et je lui et dit que ~~je~~ je m'appelle Katia.

le lendemain ~~il était~~ il m'ademander de jouer avec lui je lui est repondu oui, il etait très gentille avec moi mais m'empeche il etait Beau! En ce moment je fait que de rever de lui un jour il ma ~~infor~~ infirmer qu'il m'aimait, il ma demande si je l'aimer je lui est dit oui

en ce moment il est pas là il est malade je m'ennuie de lui.

et si il etait la entraint de me regarder faire cette lettre il serai fier de moi.

ça ~~s~~'est personne!?

Fin

Doc. 5 : Katia, 11 ans.

6. NOUVELLES (SCIENCE-FICTION)

Lors des quatre premiers chantiers, nous avons conduit les enfants à élaborer des statégies de production de texte concernant les écrits fonctionnels qui émanent logiquement et naturellement d'une vie coopérative. Ce travail a permis à chacun de commencer à se construire la notion fondamentale de texte, celle d'écrit social ainsi que celle d'écrit utilitaire.
De leur côté, les récits de vie ont introduit la dimension non directement utilitaire des écrits — et ce sont des récits. Mais la référence au réel, proche ou lointain, y demeure forte.
À côté de ces types de textes, on ne saurait négliger le pouvoir fonctionnel et formateur de l'**imaginaire.** Nous avons choisi la « nouvelle » dans l'éventail des récits fictionnels mettant en jeu le fonctionnement poétique de la langue : conte, roman et autres récits nécessitant un travail dans la durée.

Pourquoi la **nouvelle** et non le roman et pourquoi avoir retardé l'abord de cette activité ?
Si la production de romans a fait son entrée à l'école, donnant lieu le plus souvent à des travaux de rédaction très longs et généralement collectifs, la nouvelle, récit bref et compact, permet au contraire une écriture *individuelle.* C'est, de plus, un type de texte peu ou pas étudié dans les classes en regard du **conte,** largement exploité dans les manuels et fichiers scolaires, la presse enfantine et même certains logiciels.

En ce qui concerne la **science-fiction**, ce choix nous a paru justifié par le fait que si, pour les enfants, elle est présente à la télévision, au cinéma et dans la bande dessinée, ils ont très rarement l'occasion de l'aborder par la littérature.
Le *Micro Robert* la définit ainsi : « Américanisme par lequel on désigne l'imagination scientifique qui décrit un état futur du monde ». Mais si une telle définition peut nous sembler un rien réductrice, le fondement scientifique et technique sur lequel va jouer l'imagination dans ce genre littéraire fait qu'il paraît nécessaire de l'envisager, dans nos classes, comme un développement, un complément nécessaire à des chantiers conduits dans les disciplines scientifiques et technologiques inscrites au programme. Il est presque impossible d'imaginer une fiction un peu étoffée dans ces domaines sans posséder un certain nombre de connaissances du réel. Donc, si le chantier nouvelle vient tard, il part de loin dans la programmation de toute une année passée à batailler dans des textes.

L'enfant va y faire un certain nombre d'apprentissages liés à la spécificité de ce type de texte :
— la découverte du pouvoir de créer un monde par des mots,
— la reconnaissance de la structure et de la dynamique qui conduit de l'ouverture à la clôture du récit,
— la planification de la tâche d'écriture,
— la construction logique et cohérente du récit,
— le choix et l'emploi d'un système cohérent de temps de verbes,

— la conscience et la maîtrise de l'ordre chronologique,
— la place relative du récit, des descriptions et des dialogues,
— etc. (Voir, plus loin, la trame de préparation.)

Situations favorables

Les enfants, dans leur ensemble, vivent dans la familiarité des livres, ceux-ci s'intègrent dans toutes les activités menées dans la classe et hors d'elle. L'interaction lire-écrire étant sollicitée en permanence, ils côtoient ainsi parmi d'autres genres littéraires celui de la nouvelle. La Bibliothèque municipale, celle de la classe incluent parmi les différents ouvrages qu'elles offrent, des récits de science-fiction, permettant à ceux qui le souhaitent d'avoir une première rencontre avec les histoires d'anticipation *.
Nombreuses sont les occasions de solliciter l'imagination des enfants, de la faire s'exprimer, de la cultiver.
La démarche d'éveil qui préside à toutes les activités scientifiques ouvre certes des fenêtres sur la réalité mais elle permet aussi de lancer bien des ponts vers le fantastique et la fiction. Nous aurions grand tort de ne pas les emprunter, tant il est passionnant et formateur pour la personnalité de faire travailler aux enfants une même réalité dans sa double dimension : d'une part dans le domaine conceptuel et scientifique, d'autre part dans le domaine imaginaire et poétique.
L'astronomie (inscrite au programme du CM) ouverte sur le vertige de l'univers infini, mais aussi l'actualité de la conquête spatiale, tout événement astronomique, constituent des tremplins particulièrement efficaces pour lancer les enfants — tout comme les adultes — dans l'invention de récits fictionnels.

DÉMARCHE SUIVIE DANS UNE CLASSE DE CM

Qu'est-ce que la science-fiction ?

Réflexion préalable commune pour situer le champ de la science-fiction.
Le maître a demandé aux enfants de définir le mot science-fiction. Une liste récapitualtive a été faite au tableau :

« C'est ce qu'on voit à la télé. »
« C'est E.T. »
« Les extra-terrestres, les robots... »
« Ça se passe sur des planètes. »
« C'est quelque chose qui n'existe pas. »
« C'est étrange, c'est bizarre. »

Après cet inventaire, on recherche la définition dans le dictionnaire pour cerner le genre dans lequel on va écrire.

* Voir la bibliographie p. 141.

TRAME DE PRÉPARATION DE L'ENSEIGNANT *

TYPE DE TEXTE MIS EN CHANTIER DANS LA CLASSE	*NOUVELLE DE SCIENCE-FICTION*
1. REPRÉSENTATION PRÉALABLE QUE JE ME FAIS :	
• de la situation de communication : les paramètres déterminants.	
Destinataire (statut : à parité ou non) Énonciateur (à quel titre ?)	*Autrui : enfants, parents, autres lecteurs potentiels.* *Chaque enfant comme inventeur d'histoires.*
But	*Inventer et raconter par écrit une « histoire » de science-fiction.*
Enjeu	*Vis-à-vis des autres : être lu jusqu'au bout avec plaisir.* *Vis-à-vis de soi : se penser écrivain, accéder au plaisir d'écrire.*
Objet précis de la communication (référent)	*Dans le cas de cet écrit fictionnel, il est identique au but déjà défini.*
• du produit fini :	
Justification du choix de ce type de texte dans l'éventail des textes possibles	*La nouvelle est l'un des moyens pour raconter une histoire.*
Allure générale du texte	*Texte long et dense, encadré par une ouverture et une clôture narratives, organisé en paragraphes. (Éventuellement en super paragraphes ou/et chapitres.)*
Choix du matériel : supports possibles Outils scripteurs possibles Coût financier (éventuellement)	*Feuilles de papier 21 × 29,7 ou 21 × 14,8* *Stylo, machine à écrire, « éditeur LOGO », traitement de texte.* *réglettes, cartoline, lettres-transfert, photocopies...*
2. LES CARACTÉRISTIQUES DU TEXTE QUE JE PRÉVOIS : (voir suite)	

* Rappel : Cette trame est destinée à aider l'enseignant à concevoir, animer et évaluer le chantier. Elle est un support pour l'élaboration d'outils de systématisation avec les enfants. En aucun cas elle n'est destinée à leur être donnée préalablement à l'écriture.

2. LES CARACTÉRISTIQUES DU TEXTE QUE JE PRÉVOIS :

• **Structure d'ensemble (superstructure) :**

SCHÉMA QUINAIRE

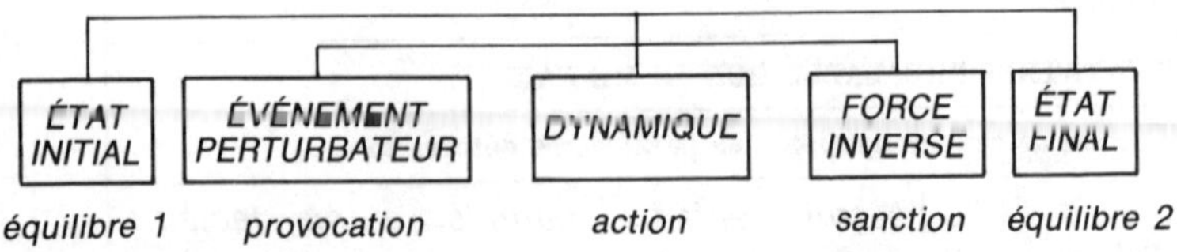

• **Linguistique du texte :**

Fonctions dominantes organisatrices du langage	*fonction narrative + fonction poétique.*
Choix pertinents pour ce type de texte : — énonciation (personnes, espace/temps) — système des temps — lexique	*— le plus souvent « il » ou « on »/« ils », « je » autre que l'auteur dans les dialogues.* *(la veille - ce jour là - le lendemain)* *généralement passé simple/imparfait mais aussi passé composé/présent adverbes de temps.* *— Spécifique de la science-fiction en rapport avec la tonalité du récit.*
Cohérence à rechercher : — marques d'énonciation — adverbes et temps — substituts (anaphoriques) — connecteurs	*Veiller au changement de système en passant du récit au dialogue et réciproquement.* *Veiller à la cohérence sur tous ces plans.*

• **Linguistique de la phrase** (dans ses aspects les plus fréquents pour ce type de texte) :

Permet de travailler tout particulièrement phrase complexe, pronominalisations, structure du G.N. (rôle des déterminants, place et rôle des qualifiants), et syntaxe des accords.

3. ACTIVITÉS DE SYSTÉMATISATION MÉTALINGUISTIQUES, envisagées dès la préparation ou retenues après analyse des « premiers jets » des enfants

— Relation sujet ↔ verbe.
— Expansion - réduction du G.N.
— Le passé simple, le plus-que-parfait
— Le « futur du passé » (il dit qu'il viendrait)
— Préfixes et suffixes dans le vocabulaire de la science-fiction

Confrontation avec les écrits sociaux en science-fiction

Le maître a préparé un tableau à double entrée : prénom des enfants et titres de quinze nouvelles choisies parmi les ouvrages de la littérature pour la jeunesse (cf. bibliographie, p. 141). Ces textes sont accompagnés d'une fiche élaborée par le maître (Doc. 1) à remplir dans un délai de six semaines. Après chaque lecture (dans un temps institutionnalisé ou géré par l'élève), l'enfant coche le tableau.

Prénom : Titre :

ESPACE = où					
Sur terre			Ailleurs		
Vie de tous les jours	dans un pays caché	dans une région peu connue	autre planète	vaisseau spatial	autre (à préciser)

TEMPS = QUAND		
maintenant	demain	hier

PERSONNAGES = QUI					
hommes			autres		
comme nous	surhommes	monstres	animaux	végétaux	extra-terrestres

SOCIÉTÉ					
hiérarchie = pouvoir organisé				Société d'égaux	autre (à préciser)
féodalité	empire	royaume	autre		

ACTION			TONALITÉ		
guerre conquête	découverte	rencontre	drôle	triste	autre (à préciser)

Doc. 1

Le délai passé, les enfants reprennent leurs fiches et les confrontent collectivement (avec relecture si nécessaire). Ce « bain » de textes a pour but d'imprégner les enfants des concepts de nouvelle et de science-fiction.

Analyse en commun des caractéristiques du type de texte

• Structure du texte :
Afin de dégager les étapes qui permettront de retrouver la structure du récit, le maître a proposé aux enfants de remplir le tableau suivant à partir d'une nouvelle parmi les quinze textes déjà lus (travail en petits groupes).

• Consigne :
Résume le texte lu par une ou deux phrases.

	Phrase(s) proposée(s)
ÉTAT INITIAL : début	
ÉTAT FINAL : fin	
CE QUI SE PASSE / CE QUI A CHANGÉ } entre les deux	

Les tableaux remplis sont affichés et les enfants doivent retrouver le titre du texte lu et résumé par les autres. Ceci n'étant qu'un prétexte, le but essentiel est en fait de dégager la structure du récit.
Les enfants ont pris conscience de l'existence d'un « état initial » transformé par une dynamique des événements qui conduit à un « état final ».
C'est à la suite de ce travail d'analyse que le schéma de structure, dit *schéma quinaire,* sera élaboré, affiché en classe et tiré sous forme de fiche individuelle (voir trame de préparation et Doc. 2). Ce schéma constitue, à proprement parler, un outil irremplaçable et à vocation multiple.
Tout d'abord, l'enfant l'utilisera pour construire la trame événementielle, le scénario de son histoire ; puis, dans la phase de mise en texte, il constituera une référence permanente, garante de la cohésion du récit. Il servira aussi de « grille de relecture » par l'enfant et par des tiers ; enfin, il sera aussi l'un des instruments d'évaluation finale du récit produit.

Si le schéma de structure paraît être primordial pour faciliter la tâche d'écriture, d'autres instruments vont compléter efficacement la boîte à outils de l'enfant « écriveur ».
Le théâtre de l'action, le nombre et les principales caractéristiques des personnages vont aussi faire l'objet de définitions préalables. La grille de lecture (Doc. 1) proposée par le maître permettra à chaque enfant d'opérer les choix qui le guideront dans cette aventure solitaire qu'est l'écriture d'un récit fictionnel. On pourra même envisager de préparer une fiche par personnage, quitte à l'étoffer ou la revoir en cours de route.

OUTIL POUR FABRIQUER UNE NOUVELLE DE S. F.

TITRE

Situation initiale	*Un ou des personnages vivaient d'une certaine manière (sur la planète ou autre lieu) ...*	
Evénement perturbateur	*Un jour, tout à coup, il se produisit un événement qui vint perturber cette vie-là...*	
	Ça entraîna toute une série de conséquences...	
Force inverse	*Fin de la perturbation. Ça se termina...*	
Situation finale	*Une vie transformée par ces événements se réinstalla...*	

Doc. 2 : Outil pour fabriquer une nouvelle de science-fiction.

Mise en texte

Voici maintenant venu le moment de passer au travail d'écriture proprement dit. Il va s'effectuer suivant des procédures dites de mise en texte telles que le tableau suivant les résume. On pourra, pour plus de détails, se reporter à l'annexe du chapitre 1 et à l'article de Claudine Garcia-Debanc paru dans la revue *Pratiques*, n° 49 de mars 1986.

MISE EN TEXTE

PLANIFICATION

Organisation du travail tenant compte des choix déjà effectués en ce qui concerne :

- Les réponses à : qui ? où ? quand ? quoi ? comment ? pourquoi ?.
- Le schéma quinaire → la trame événementielle ou scénario.
- La caractérisation physique et morale des actants.

Recadrage (tout au long de la production)

TEXTUALISATION	RÉVISION
Chaque enfant écrit un premier jet partiel. →	Relecture critique par un/des tiers.
Réécritures partielles ←	Relecture par l'enfant avec l'aide des outils élaborés au cours de l'analyse, avec ceux élaborés par le maître.
↓ Poursuite par étapes de la tâche d'écriture aboutissant à la production finale.	

TRAVAUX SUR DES ASPECTS CARACTÉRISTIQUES DU RÉCIT

Le système des temps de verbes

L'une des caractéristiques du récit, en dehors de son schéma de structure, est qu'il utilise des temps de verbes organisés en système cohérent.
Précisons tout de suite qu'il n'est pas question ici de reprendre la traditionnelle définition qui fait du verbe le « mot qui indique le temps et l'action », tout d'abord parce qu'elle exclut toute idée de *système* en consacrant une vue « atomisée » de la langue, ensuite et surtout, parce que s'agissant du récit elle se révèle inopérante, voire fausse. Bien des nouvelles de science-fiction se situent dans un futur lointain et sont racontées au passé.
Il est primordial pour l'enfant qu'il se construise son « savoir raconter » en apprenant à utiliser les systèmes de temps verbaux adéquats.
Pour cela le maître lit *en entier* aux enfants la nouvelle de Ray Bradbury : Un homme contre *la ville* (Folio Junior Science-Fiction), puis il anime un débat au cours duquel on répond aux questions concernant les actants, les lieux et l'époque à laquelle se

situe cette histoire : des terriens arrivés dans une fusée et qui débarquent sur une planète... Les enfants comprennent que « ça se passe dans le futur ».

Après le débat, le maître distribue le début de l'histoire polycopié avec de grands interlignes et demande aux enfants de le lire en surlignant tous les verbes conjugués.

« La ville attendait depuis vingt mille ans.
La planète suivait sa course dans l'espace, les fleurs des champs croissaient et se fanaient, mais la ville attendait. Les rivières de la planète se gonflaient d'eau, dépérissaient, n'étaient plus que poussière. La ville attendait toujours. Les vents qui avaient été jeunes et violents étaient devenus vieux et sereins, et les nuages, qui avaient couru déchiquetés dans le ciel, flottaient maintenant comme une blancheur paresseuse. Et la ville attendait.
Avec ses fenêtres, ses murs d'obsidienne, ses tours et ses tourelles sans bannière, avec ses rues à l'asphalte vierge, ses poignées de porte sans empreinte digitale, ses trottoirs sans un papier. La ville attendait, tandis que la planète gravitait dans l'espace, suivant son orbitre autour d'un soleil bleu-blanc, et que les saisons passaient de la glace au feu pour revenir à la glace, puis aux champs verts et aux près jaunes de l'été.
Ce fut par un après-midi de l'été, au beau milieu de la vingt millième année, que la ville cessa d'attendre.
Dans le ciel, était apparue une fusée.
Elle fila au-dessus de la ville, vira, revint et se posa à cinquante mètres du mur d'obsidienne.
Des bottes foulèrent l'herbe fine, de l'intérieur de la fusée des voix parlèrent aux hommes dehors.
— Prêts ?
— Très bien ! De la prudence ! Pénétrez dans la ville. Jensen, vous et Hutchinson, en avant-garde ! Ouvrez l'œil ! »

Une fois le travail de surlignage accompli, on procède à une mise en commun pour que chacun puisse avoir un marquage complet du texte. Pour éviter les ratures sur les surlignages non valables, le maître propose d'opérer un relevé des verbes et de procéder à un tri.

Ce travail accompli par petits groupes pourra être présenté sous forme de tableau faisant apparaître la distribution des verbes en fonction des temps de conjugaison.

PLUS-QUE-PARFAIT	IMPARFAIT	PASSÉ SIMPLE
avaient été étaient devenus avaient couru était apparue	attendait suivait croissaient se fanaient	fut cessa fila ....

On poursuit l'étude en tirant les conclusions qui s'imposent :
— Bien que l'histoire se déroule dans un avenir lointain, elle est racontée au passé.

— Les deux temps les plus utilisés sont l'imparfait et le passé simple : ce texte est un récit et chacun des deux temps a une fonction différente.

Dans une deuxième séquence, on fera ressortir les relations qui organisent le système des temps et le rôle respectif de chacun :

Imparfait = arrière-plan
Passé simple = avant-plan, action
Plus-que-parfait = chronologie relative.

Par ailleurs, comme on le voit, il y a matière à alimenter bon nombre de séances de systématisation en conjugaison, qui pourront donner lieu à une évaluation au cours d'exercices de réécriture de textes (par exemple, un texte écrit au présent/passé composé sera transcrit au passé simple/imparfait, ceci pour ancrer la notion de *système* cohérent).
On trouvera donc dans une fiche de relecture (de son récit ou de celui de camarades) et dans une grille d'évaluation des rubriques comme celles-ci :

	oui	non	pas tjrs
Le texte est un récit : les temps des verbes sont bien choisis			
L'imparfait marque l'arrière-plan			
Le passé simple expose les actions de premier plan			
Les autres temps du passé donnent des indications sur la chronologie des actions			
Quand les personnages parlent, on est dans le système du discours (temps et personnes)			

Les substituts

Spontanément, l'enfant qui écrit utilise un ensemble d'anaphoriques réduit aux seuls pronoms de la troisième personne et répète, sans être le moins du monde gêné, le groupe nominal qui lui a servi à désigner ou nommer chacun des personnages.
Pour lui permettre de diversifier son écriture et de manipuler la langue dans ses multiples potentialités, on lui proposera d'examiner quelques textes en portant le regard exclusivement sur le réseau de ce que nous appelons substituts.
L'usage des feutres surligneurs est ici fortement recommandé.

Voici un exemple de ce que peut être ce travail dans un extrait du roman de Pierre Pelot : *Les légendes de Terre* (Livre de Poche Jeunesse).

« La deuxième astronavigatrice Orane était seule dans la cabine des commandes lorsque Rhuan franchit le hublot de passage qui séparait la salle du couloir central d'intercommunications. Une

seconde, elle quitta des yeux l'écran de contrôle pour porter son attention sur le commmandant de bord. Ils échangèrent une grimace crispée en guise de salut.
Orane était très pâle, les traits creusés. Ses yeux, d'un vert ordinairement très pur, n'avaient plus de couleur précise, profondément enfoncés dans leurs orbites(...).
« Comment ça va ? » dit Rhuan, tandis que, d'une main amicale, il pressait légèrement l'épaule de l'astronavigatrice.
Celle-ci eut un vague hochement de tête, doublé d'un sourire qu'elle voulait crâne. Elle dit :
« Pas trop mal, en fait... Mais pas fâchée tout de même de vous céder la place ». »

Ce texte est distribué à chaque enfant qui a pour consigne d'en faire silencieusement une première lecture pour savoir combien de personnages sont mis en scène et qui ils sont. À l'issue de cette lecture, on fait en commun le point pour établir le nombre et le nom des protagonistes que l'on écrit au tableau de façon à ouvrir deux titres de colonnes : une pour Orane, une pour Rhuan.

Le maître demande ensuite aux enfants de procéder à une deuxième lecture en recherchant tous les éléments ou groupes d'éléments du texte qui désignent le même personnage et on adopte une couleur de surlignage pour chacun d'eux. On aboutit ainsi rapidement à un inventaire des substituts utilisés. Il restera à conduire un travail métalinguistique qui peut porter sur la *nature* des substituts, la structure du GN, son expansion et sa réduction, la place de l'adjectif qualicatif au sein de ce groupe, etc. Partant de là, il sera possible d'obtenir un *catalogue classé de substituts,* catalogue qui sera complété au fil des lectures.

Les connecteurs

Nous nous limitons volontairement, dans cette présentation, aux travaux qui nous ont paru prioritaires pour permettre à chaque enfant de forger ses compétences d'écrivain. Il est un point qui ne saurait être passé sous silence : il s'agit de l'emploi des connecteurs, ces « petits mots » qu'on ne sait jamais comment traiter et qui organisent la cohérence narrative. Ce sont :
— les connecteurs d'enchaînement : *d'abord, et, puis, ensuite, enfin...,*
— les connecteurs de rupture : *soudain, tout à coup, mais...,*
— les connecteurs logiques : *ainsi, c'est pourquoi...,*

Il est donc nécessaire d'organiser, au cours du chantier, des activités et des exercices permettant aux enfants de manipuler et de maîtriser l'emploi de ces « mots-outils » sans lesquels tout récit reste confus.

Le dialogue

Dans un texte extrait de *La tarte volante* de Gianni Rodari (Livre de poche) :
— Définition et repérage des dialogues par la disposition et la ponctuation.

— Relevé de tous les verbes introduisant ou concluant les propos échangés et pouvant se sustituer au verbe *dire*.
EX. : *crier, répliquer, hurler, chuchoter, interroger, remarquer, rectifier*, etc.
— Trouver d'autres exemples :
Émettre, prononcer, affirmer, contredire, soupirer, déclarer, avertir, ordonner, etc. (Voir le texte de Vincent, p. 139.)

Au total, nous en avons inventorié une trentaine, les textes de Rodari étant particulièrement riches dans ce domaine.

Remarque : Ce travail doit être prolongé par une phase dans laquelle sera abordé le problème de l'insertion du dialogue dans le récit, où il fonctionne comme un gros plan sur une action avec son propre système de temps et de modes verbaux.
On trouvera ci-après un tableau récapitulatif des outils construits au cours du chantier **nouvelle**.

Tableau récapitulatif des outils
construits au cours d'un chantier **nouvelle**

NIVEAUX D'ANALYSE	OUTILS ÉLABORÉS
Projet d'écriture	Plan de travail
Superstructure	Schéma quinaire Questionnaires et grilles de relecture/réécriture
Linguistique du texte :	
— Système des temps de verbes et adverbes	Fichiers et manipulation des usuels
— Substituts	Catalogues, inventaires classés
— Connecteurs	
— Dialogues	Résumé des caractéristiques. Schéma de disposition
Verbes introductifs et conclusifs des propos	Catalogue, inventaire
— Cohérence narrative et « psychologique »	Tableau, fiches des personnages et des lieux Schéma quinaire
Linguistique de la phrase	Usuels

En guise de conclusion

Tous les enfants ont produit des nouvelles dont certaines fort longues et fort complexes. Ils se sont beaucoup investis dans ce chantier. Nous avons constitué des recueils et les avons échangés avec d'autres classes de l'équipe de recherche. Il ne pouvait être question, par manque de place, de citer ici plusieurs de ces nouvelles. Après bien des hésitations, nous avons choisi la nouvelle de Vincent parce que les transformations de son texte, de son premier jet à la production finale, nous paraissent traduire assez bien le travail effectué au long du chantier.

Le vieil homme et
ses martiens

Un vieil homme habitait une ferme très très vieille et il travalliait très dur.

Un jour, une soucoupe, volante apparu dans sont jardin. Des petite homme vert sorta de la soucoupe-volante, et alla chez le vieil homme.

Vous vous demandez pourquoi? il venaient chercher le vieil homme, car pour le vieil homme c'était la fin de sa vie. Les martiens l'enmenèrent sur mars pour qu'il vie plus longtemps, mais le vieil homme ne croyait pas qu'il pourait vivre longtemps, Alors les martiens lui disa : « vient habiter deus siècles sur mars et tu vèra ».

Il vécut deux siecle sur mars, les martiens lui disait alors tu voit que tu peux vivre deux siècle même plus, Alors veux tu rister? et le vieil homme disa oui.

Alors il résta sur mars et Il vécut très heureux, avec ses ami les martiens.

Vincent

Premier jet de Vincent

Texte définitif de Vincent (tapé et tiré sur imprimante par lui-même)

LE VIEIL HOMME ET LES MARTIENS

En France, en 1976 :
Un vieil homme, avec une longue barbe blanche, habitait seul sur une montagne dans une très vieille ferme. Il vivait dans la pauvreté : rien n'était à lui. Il n'avait jamais eu de lapins ni de poules. Il mangeait très peu mais quand il avait faim, il descendait au village, dans la vallée, pour aller voler de la nourriture.
Il se contentait de très peu de choses, il dormait dans de la paille. Il avait soixante-douze ans et bientôt il mourrait...

Un jour, une immense soucoupe-volante apparut dans son jardin : elle était tachetée de petits points multicolores. En atterrissant, elle avait tout saccagé : les fleurs, les arbres, les plantes, les animaux sauvages, rien n'avait résisté ! De petits hommes verts avec des bras qui traînaient par terre, des petits pieds et un œil au milieu de la tête, sortirent de l'engin volant. Ils étaient rangés d'abord en file indienne, puis ils se mirent par deux comme à l'armée. Ils s'avancèrent tels des robots mécaniques vers la maison du vieil homme.

Vous vous demandez pourquoi ces petits hommes verts avec les bras qui traînaient par terre, des petits pieds et un œil au milieu de la tête vinrent chez le vieil homme ?
C'était la fin de ses jours !
Les ondes émises par le cerveau terrien avaient été captées par un martien. Ce dernier avait donc décidé de faire une expérience : il voulait prouver à l'univers qu'ils étaient les seuls à pouvoir sauver de la mort les terriens. Les petits hommes rentrèrent donc chez le vieil homme qui fut très étonné. Il leur demanda :
— Pourquoi êtes-vous ici ?
— Nous sommes là pour vous emmener sur Mars, répondirent les martiens.
— Mais pourquoi ? je suis bien sur la terre !
— Nous sommes venus vous chercher pour une expérience.
— Ah ! mon dieu ! qu'allez-vous faire de moi ? interrogea-t-il en tremblant.
— Nous voulons prouver que l'on peut sauver les terriens de la mort.
L'homme réfléchit un instant et finit par murmurer :
— Ben, ma foi, vu mon âge, je veux bien aller avec vous !
— Comme ça vous vivrez plus longtemps.
Il suivit donc les martiens dans leur planète.

Mars était constitué en pâte à gâteaux, les arbres étaient faits de caramels mais il n'y avait pas de fleurs ni d'animaux.
À peine eut-il posé le pied sur cette planète qu'il fut émerveillé par toutes ces choses.
L'arrivée sur Mars fut agitée : tous les martiens avaient peur du vieil homme car ils n'avaient jamais vu un être humain. Ils se cachèrent dans leurs maisons qui étaient construites en chewing-gum avec des toits en meringue et des cheminées en biscuit. Le chef ordonna à tout le monde de sortir. Ils vinrent examiner l'homme et furent étonnés par son corps.

Les martiens l'emmenèrent dans une salle vide avec seulement une table au milieu. Ils l'allongèrent sur celle-ci et l'examinèrent encore mais cette fois de très près. Ils s'intéressèrent au cœur et dirent :
— Ce phénomène est très rare ici.
— Ah bon ? s'étonna l'homme.
— Oui, répondirent-ils, nous allons fabriquer d'autres... euh... comment dites-vous ?
— Nous appelons ça : le cœur
— Le cœur ! eh bien ! c'est drôle comme nom !
Et à 11 heures, ils se mirent à fabriquer d'autres cœurs. Toute la nuit ils travaillèrent sans dormir, ils en fabriquèrent mille. Au

petit matin, ils tombèrent de fatigue. Ensuite, ils construisirent une machine pour faire battre le cœur. Ils l'essayèrent sur le vieil homme et ce fut une réussite. Deux jours après ils s'intéressèrent à tous les autres constituants du corps humain. Ils purent reconstruire tous les organes les uns après les autres.

C'est ainsi que les martiens montrèrent à l'univers qu'ils étaient les seuls à pouvoir sauver les terriens de la mort et même à en reproduire d'autres.

VINCENT

LES OUVRAGES QUE NOUS AVONS UTILISÉS

Des recueils de nouvelles

— *La lune était verte,* Folio Junior, Gallimard.
— *L'homme qui n'oubliait jamais,* Folio Junior, Gallimard.
— *La montagne sans nom,* Folio Junior, Gallimard.
— *Dans la comète,* Folio Junior, Gallimard.
— *Faiseurs d'univers,* Folio Junior, Gallimard.
— *Un homme contre la ville,* Folio Junior, Gallimard.
— *Les villes,* Folio Junior, Gallimard.
— *L'habitant des étoiles,* Folio Junior, Gallimard.
— *Le tyran d'Axilane,* Folio Junior, Gallimard.
— *Il y a deux soleils chez les Tortupatons,* CH. GRENIER, Magnard.
— *Les voyages interplanétaires de Grand-père Coloconte,* J. HELD, École des Loisirs.
— *Histoires à la courte paille,* G. RODARI, Hachette (plusieurs nouvelles de science-fiction).
— *Contes et nouvelles I* choisis par J. GOUTTENOIRE, Hachette.
— *Récits et nouvelles I* choisis par J. GOUTTENOIRE, Hachette.

Des romans (pour enfants de 8 à 10 ans)

— *L'invité du ciel,* I. ASIMOV, Folio Cadet.
— *La tarte volante,* G. RODARI, Livre de Poche Jeunesse.
— *Les enfants d'Aldebaran,* J. HELD, La Farandole.
— *Le navire d'Ika,* J. HELD, La Farandole.
— *Trois enfants dans les étoiles,* J. HELD, Seghers.
— *Expédition imprévue sur la planète Éras,* J. HELD, Bordas.

Sur les rapports entre science-fiction et fantastique

— *L'imagination au pouvoir,* J. HELD, Éditions Ouvrières.
— *Connaître et choisir des livres pour enfants,* J.HELD, Éditions Ouvrières.
— *Grammaire de l'imagination,* G. RODARI, Éditions Messidor.

7. POÈMES

La poésie se laisse-t-elle mettre en chantier, au sens où nous entendons ce terme pour les autres types de textes ? C'est-à-dire, **y a-t-il des apprentissages à faire en poésie ?**

Il faut bien reconnaître que, jusqu'à maintenant, l'accent a été mis dans les classes plus sur le déblocage de l'imaginaire, sur l'expression ou la libération par la poésie, que sur des apprentissages linguistiques.

Depuis une quinzaine d'années (1), la vague/vogue des jeux poétiques a joué un rôle important dans les classes où elle s'est développée :
- Prise en compte par l'école de l'imaginaire des enfants et du fonctionnement poétique de la langue.
- Transformation des activités poétiques en classe, au détriment de la rituelle récitation, remplacée par de la production de textes, un libre choix de poèmes, un travail plus ouvert de diction, des montages poétiques, etc.
- Désir de faire faire aux enfants l'expérience des possibilités créatrices subversives du langage et du pouvoir de la poésie.
- Ouverture à la poésie contemporaine, sous toutes ses formes et tous ses thèmes, révolte et mort comprises, par expulsion du joli, de l'enfantin, du facilement compréhensible qui submergeaient les anthologies de poèmes pour enfants.

Il existe, en effet, des classes où les murs sont couverts de poèmes-affiches, qui rassemblent et diffusent des recueils de textes produits par les enfants, où enfants et maître enrichissent chaque jour le fichier-poésie de la classe de poèmes qu'ils ont choisis, qui réalisent des montages ou des spectacles poétiques auxquels ils invitent les parents, etc.

Mais combien y a-t-il par ailleurs de classes où, même chez des collègues convaincus, après avoir fait quelques essais de jeux poétiques, on en est resté là, parce que le maître ne voyait pas bien où il allait, que les jeux poétiques ponctuels lui paraissaient assez vite factices et décevants, et qu'il ne voyait pas comment aider les enfants à aller plus loin ?
Et combien de classes également où, en définitive, on ne se souvient encore de la poésie... qu'à l'approche de la fête des Mères ? Resurgissent alors les vieilles représentations, chez les maîtres culpabilisés : « Moi, tu sais, je n'ai jamais été très littéraire », ou même « Je crois que mes élèves sont comme moi, ils ne sont pas très doués pour la poésie »...

Les trois cas de figure évoqués ci-dessus se trouvaient représentés dans notre groupe de seize instituteurs avec un point commun :

---

(1) Le numéro de *Poésie 1* intitulé « L'enfant, la poésie » édité par la librairie de Saint-Germain-des-Prés, daté de janvier-février 1973, et « Réconcilier poésie et pédagogie » (titre d'un numéro spécial de la revue du GFEN *Cahiers de poèmes* réalisé par J. Jolibert et sorti en mars 1973).

l'impression, même chez les premiers, de toucher à un domaine mal cerné, avec des démarches relevant plus de l'inspiration du moment que d'une pédagogie structurée, et avec des productions d'enfants inabouties faute — pour les maîtres — de disposer de critères *linguistiques* précis pour appuyer leurs interventions et pour les transformer en outils utilisables par les enfants eux-mêmes.

C'est d'avoir choisi de centrer chaque chantier sur un type de **texte** et d'avoir choisi de travailler la poésie par *contraste* avec :
— d'une part, les textes fonctionnels (lettres, comptes rendus, fiches prescriptives),
— d'autre part, les autres textes à dominante imaginaire (nouvelle),
qui nous a aidés à dégager ce qui pouvait faire l'objet d'apprentissages en poésie.

Nous l'avons formulé ainsi : nous allons travailler à la fois et conjointement le *poème comme type de texte*
le *fonctionnement poétique de la langue.*

Nos chantiers se sont donc donné pour objectif de faire « produire des **poèmes** » et non plus de faire écrire « de la poésie » ou « des poésies » comme on dit encore dans les classes, ni de faire faire des jeux poétiques.

Ce changement de terminologie, comme on le verra plus loin, a modifié l'orientation des activités poétiques dans nos classes mais il a eu aussi, pour nous, une fonction curative précise : centrer délibérément notre attention sur la dimension linguistique de la poésie en nous arrachant aux vieux héritages romantiques selon lesquels la poésie serait d'abord affaire d'expression de soi. En ce sens, la réflexion de Jakobson sur les fonctions du langage (2) est particulièrement claire : la fonction poétique
— est nettement distincte de la fonction émotive centrée sur l'énonciateur,
— est centrée sur le message (3) lui-même :
« La visée du message en tant que tel, l'accent mis sur le message pour son propre compte, est ce qui caractérise la fonction poétique du langage. (Elle) met en évidence le côté palpable des signes (...) » écrit Jakobson, qui précise en même temps que :
« Toute tentative de réduire la sphère de la fonction poétique à la poésie, ou de confiner la poésie à une fonction poétique, n'aboutirait qu'à une simplification excessive et trompeuse » (4) et que « les particularités des divers genres poétiques impliquent la participation, à côté de la fonction poétique prédominante, des autres fonctions verbales, dans un ordre hiérarchique variable. La poésie épique, centrée sur la troisième personne, met fortement à contribution la fonction référentielle ; la poésie lyrique, orientée vers la première personne, est intimement liée à la fonction émotive ; la

(2) Voir plus haut, chapitre 1.

(3) Au sens non pas... messianique du terme, mais linguistique : « le destinateur envoie un message au destinaire ».

(4) Cf., en particulier, la publicité, les slogans politiques sur les murs ou dans les manifestations, les effets recherchés par les titres de la presse quotidienne, etc.

poésie de la seconde personne est marquée par la fonction conative, et se caractérise comme supplicatoire ou exhortative, selon que la première personne y est subordonnée à la seconde ou la seconde à la première (5). »

Comment caractériser un poème comme type de texte ?

Nous avons eu le souci, à la fois, de cerner ce qui est caractéristique d'un poème par rapport aux autres types de textes, et de ne pas enfermer dans un cadre restrictif un type de texte, par essence multiforme parce que sans cesse subverseur de formes. Avec prudence, mais ne reculant pas devant la nécessité où nous nous trouvions de dégager des critères identifiables par des enfants, nous avons retenu les critères suivants :

• Un poème est un texte que fait en général repérer d'emblée *sa mise en espace particulière :*
— des alinéas, soulignés ou non de majuscules,
— du blanc (autour du texte) et des blancs entre les vers ou les blocs de vers — ou même, dans la poésie contemporaine, à l'intérieur des vers,
— un titre (le plus souvent) et un nom d'auteur encadrant généralement le corps du texte, qui est la plupart du temps assez court pour figurer sur une page.

• Un poème a une *dynamique propre* (« les vers ne sont pas mis dans n'importe quel ordre ») avec :
— une ouverture (ou une attaque) qui donne le « la », à la fois pour la structure du texte et pour le champ sémantique,
— une clôture (« ça ne s'arrête pas seulement quand l'auteur n'a plus rien à dire »),
— et, dans l'entre deux, une dynamique, une progression, différente d'un poème à l'autre, mais qu'on peut essayer de repérer chaque fois.

• Un poème enfin est élaboré à partir d'un *fonctionnement particulier du langage :* le fonctionnement poétique, c'est-à-dire :
— le jeu sur toutes les structures du langage, à tous les niveaux, (phonétique, graphique, sémantique, syntaxique, rythmique, énonciatif, structure du texte) et sur leurs effets combinés,
— les connotations (6).

Les trois ensembles de critères fonctionnent **conjointement** et non séparément ou alternativement.

Codicille (comme dirait Brassens) : dans les poèmes contemporains, le hors cadre est une loi de fonctionnement essentielle. Que Francis Ponge écrive ses poèmes en « prose », que Lautréamont ait chanté son « Vieil océan » sur des pages de texte massif sans

(5) *Essais de linguistique générale,* Collection Points, Éditions de Minuit, pp. 218-219.

(6) Connotations : ce que nous suggère un mot ou un rapprochement de mots, leur aura en quelque sorte, par-delà la simple dénotation correspondant, elle, plutôt à la définition du dictionnaire.

alinéas, que des contemporains aient écrit des « poèmes sans queue ni tête », etc., ne fait que mettre en évidence la recherche permanente des poètes pour dépasser les limites de l'écriture de leur temps et, selon la formule fameuse, « aller au fond de l'inconnu pour chercher du nouveau ». Cela n'infirme pas la caractérisation du poème sur laquelle nous avons appuyé nos chantiers.

Peut-être d'autre part, que, parmi nos lecteurs, il se trouvera des férus de poétique qui regretteront que nous n'ayions pas retenu des critères linguistiques supplémentaires pour caractériser le poème. Rappelons simplement que les choix que nous avons faits ici sont de nature didactique et sont destinés à la formation d'enfants de l'école élémentaire. Il faut bien qu'il reste quelque chose à faire à nos collègues des collèges et des lycées !

Un chantier poèmes ? C'est une exploration au long cours...

1. C'est un chantier qui dure toute l'année (7) à raison d'une séquence par semaine ou par quinzaine selon la durée des séquences. C'est plutôt un enchaînement de mini-chantiers.

2. Chaque séquence a une dominante, correspondant aux principales structures de la langue servant de matériau mis en jeu (8) dans le fonctionnement poétique de la langue :

phonétique,
graphique,
sémantique,
syntaxique,
marques d'énonciation,
rythmique,
structure de texte (avec ou sans strophes ? avec ou sans alinéas ? nombre de vers prédéfini ou non ? progression : sémantique ? affective ? logique ? évidente ou non perceptible ? etc.).

3. Chaque séquence s'appuie à la fois sur des consignes proposant des jeux poétiques rassemblés par dominante (comme il vient d'être dit) et sur des textes d'auteurs choisis parce que la dominante travaillée ce jour-là y est apparente (9). À l'intérieur d'une même dominante, plusieurs petits groupes travaillent à partir de consignes et de textes différents.

4. Comme dans les autres chantiers, il s'agit chaque fois, pour chaque enfant, par des écritures, confrontations, réécritures, de dégager des critères et d'aboutir à un texte mené jusqu'à une présentation de « chef-d'œuvre », en vue de sa socialisation (page impeccable destinée à un recueil, poème-affiche, diction préparée en vue d'un montage, etc.)

---

(7) Le projet est explicite : « Tout au long de l'année, on va apprendre à écrire des poèmes » (« Ouais ! Super ! »).

(8) Ceci n'a rien à voir avec une conception qui consiste à utiliser la poésie pour faire de la grammaire.

(9) Qu'on se rassure, tous les poèmes ne sont pas ainsi, réduits à une dominante dans nos classes ! Voir ci-dessous, 6.

5. Pour chaque séquence, il y a une évaluation, et elle porte inéluctablement sur les trois ensembles de critères dégagés plus haut :
— la mise en espace,
— la dynamique propre du texte (ouverture, progression, clôture),
— la structure linguistique dominante travaillée ce jour-là.

6. Les séquences du chantier proprement dit n'ont de sens qu'insérées dans un ensemble d'activités plus vaste, plus diversifiées, plus personnalisées, et plus centrées sur l'expression. Nous ne parlons ici que de la dimension d'apprentissage linguistique puisque c'est le thème de notre recherche et de cet ouvrage. Mais il est essentiel de ne pas couper ce travail de toutes les activités d'expression en arts plastiques, musique, expression corporelle, etc.

7. D'autre part, les activités spécifiques du chantier sont prolongées par la mise à la disposition des enfants au coin lecture :
— d'anthologies, de fichiers de poèmes divers, de recueils de poèmes d'enfants mais aussi de recueils consacrés aux poèmes d'un même auteur,
— d'un « bac à poèmes », où chacun, maître ou enfant, dépose des poèmes qu'il aime (poèmes d'auteurs ou poèmes d'enfants), qu'il a trouvés dans les ouvrages du coin lecture ou ailleurs, pour attirer sur eux l'attention ; le bac à poèmes joue, en quelque sorte, le rôle de présentoir. Le poème choisi peut être soit recopié (à la main, à la machine ou au traitement de texte) soit photocopié, et fixé sur une fiche de bristol, plastifiée ensuite. On peut aussi le recopier en format plus grand et le fixer au mur sur un panneau de liège réservé à cet effet.
— d'une « boîte à outils » poétiques, où chaque enfant peut retrouver, classés par dominante sur des fiches avec pastilles de couleur, les jeux poétiques déjà proposés en séance de chantier mais réalisés par d'autres enfants qu'eux (voir ci-dessus, 3., l'organisation en petits groupes de travail) ou d'autres propositions de jeux poétiques concernant les mêmes dominantes. La plupart des consignes s'appuient sur un poème en invitant à écrire « à la manière de » ; parfois, elles suggèrent un éventail de thèmes possibles ou donnent des termes inducteurs. Cette boîte à outils est utilisée librement, à l'initiative de chacun. Les textes produits sont socialisés comme les autres, si les auteurs le désirent.

8. Pendant l'année, le maître rappelle que le but est « que chacun ait envie, souvent, de lui-même (c'est-à-dire, hors chantier), d'écrire des poèmes, seul ou avec d'autres, en s'aidant ou non des fichiers ». Et pour que cette utopie n'en reste pas à ces paroles d'encouragement, tout est fait pour créer ce que nous avons appelé des situations d'appel d'air :
— Institution d'un « rendez-vous poésie » hebdomadaire régulier, fixé à l'emploi du temps (on peut s'y préparer), où chacun apporte des poèmes qu'il a choisis ou produits et les dit aux autres ou les met sous leurs yeux (affichage).
— Rubrique régulière dans le journal de classe ou d'école, panneaux de libre affichage dans la classe, le préau, les couloirs.
— Recherche de revues pour enfants où on peut envoyer des poèmes.

— Organisation de journées ou de soirées poésie.
— Échange de recueils de poèmes avec d'autres classes (l'an dernier, chaque classe de notre groupe de recherche a reçu avec un vif intérêt un recueil de chacune des quinze autres).

Déroulement de chantiers poèmes.

Leur but commun est donc la production de poèmes dont le déclencheur est une structure linguistique donnée.
Leur démarche générale est la même que celle que nous avons utilisée pour les autres types de texte.

Il y a cependant des spécificités.

1. Pour les poèmes, ce que nous appelons chantier est en fait une succession de mini-chantiers hebdomadaires ou bihebdomadaires, aboutissant chaque fois à une production.

Par exemple, dans un CE2, deuxième quinzaine de septembre, production de poèmes par bouts rimés (dominante phonétique), à partir de textes d'Obaldia, Luc Bérimont, Max Jacob, Jacqueline Held, Jacques Charpentreau et de comptines.
La même classe, pendant la première quinzaine de décembre, produit des poèmes à structure de texte énumérative à partir de textes d'Apollinaire (« Il y a »), de Pierre-Albert Birot, etc.
Pendant la deuxième quinzaine de janvier, elle utilise comme structure inductrice le conditionnel (« Si j'étais... », « Pour rien au monde je ne voudrais... ») et rencontre des poèmes de Claude Roy et de Garcia Lorca, etc.

2. Dans la mesure où chaque mini-chantier centre l'attention sur le fonctionnement poétique d'une structure linguistique précise mais qui peut s'organiser dans des poèmes de formes très différentes, nous avons trouvé plus riche — nous l'avons indiqué plus haut — de proposer plusieurs consignes (correspondant à plusieurs poèmes d'auteurs) et de les travailler non plus à l'échelle de l'ensemble de la classe mais à l'échelle de petits groupes.

Par exemple, pour le mini-chantier à dominante phonétique (bouts rimés),

— un groupe partait de	« Charlotte Fait de la compote » d'Obaldia,
— un autre de la comptine	« Pomme et poire Dans l'armoire »,
— un autre de Luc Bérimont	« À onze heures Chez l'ambassadeur »,
— un autre de Max Jacob	« À Nevers Sur un cheval vert »,
— et un autre de Chanterimes	« Abracadabra S'exclame l'ara ».

Ainsi, tout le monde travaillait sur le même type de poèmes par bouts rimés mais sur des structures de strophes et une progression différentes. Ressemblances et différences sont ensuite explicitées lors de la mise en commun des textes ainsi produits.

3. Malgré l'organisation de la classe en petits groupes (un par consigne), la production demeure *individuelle.* On discute ensem-

ble la consigne, on dégage ensemble les caractéristiques du texte proposé, mais on écrit seul. Les premiers jets individuels circulent dans le petit groupe, sont discutés ou annotés en fonction des critères dégagés ensemble, puis sont retravaillés individuellement par l'auteur.

4. Souvent, des aides plus personnalisées de la part du maître sont nécessaires. Problème de l'**intervention du maître** :
— *Sur quoi* peut-il intervenir ?
Sur des critères linguistiques. L'expérience nous prouve que, pour l'essentiel, c'est sur des questions touchant à l'organisation d'ensemble du poème, sa dynamique telle qu'elle a été enclenchée par les premiers vers posés, sa progression sémantique, sa cohérence interne, sa clôture (par exemple « Le dauphin », ci-dessous).
— *Jusqu'où* peut-il intervenir ?
Naturellement les interventions proposées ne peuvent être, pour l'enfant, non normatives et riches que s'il y a échange avec lui, si on cherche avec lui, en restant au plus près de ses intentions premières.
Il arrive qu'il suffise de montrer des échos de structures d'une strophe à l'autre, ou de rendre sensible une progression. Par exemple :

Si J'étais
Si J'étais un dauphin
Je nagerais très vite
Je m'amuserais avec les gens
Et je serais joyeux

Si J'étais un requin
Je serai gentil
Je ne mangerais personne
Et je parlerais

Si J'étais un phoque
Je jouerais aux ballons
Je mangerai des poissons
Et je ne serais pas paresseux

Frédéric

SI J'ÉTAIS

Si j'étais un dauphin
Je nagerais très vite,
Je m'amuserais avec les gens
Et je serais joyeux

Si j'étais un phoque
Je jouerais avec des ballons
Je mangerais des poissons
Et je ne serais pas paresseux

Mais si j'étais un requin
Je ne mangerais personne
Je deviendrais gentil
Et je me mettrais à parler

Frédéric

[Pousser à fond la « trouvaille » de la strophe « requin » (pour lequel il n'y a identification possible que par transformation), l'utiliser pour une progression de la dynamique du poème et une clôture percutante. On a cherché un dernier vers avec un adjectif en -eux, mais on y a renoncé parce que ça modifiait l'idée.]

Il arrive aussi que le maître propose le passage d'un type de texte à un autre.

EX. : À un enfant de CE1 commençant un poème (thème inducteur donné : « C'est pas juste... ») par :
C'est pas juste
Parce que je ne vois pas souvent mon papa
puis s'empêtrant dans les causes et les effets d'une situation de chômage, la maîtresse suggère d'en faire plutôt un « récit de vie ».

Il arrive aussi qu'un texte initial dont les thèmes partent à hue et à dia devienne... trois poèmes différents.

EX : Les trois strophes suivantes d'un premier jet ont donné naissance à trois comptines :

Au pays de l'Afrique *on fait de la mécanique*	*→ ... de l'Europe* *on chasse les antilopes,* *etc.*
Au pays des bonbons *on mange des cornichons*	*→ ... des berlingots* *on préfère les haricots,* *etc.*
Au pays de la Loire *on aime bien les poires*	*→ ... de l'Oise* *on aime les framboises,* *etc.*

Il arrive aussi que l'implication affective d'un enfant dans son texte soit si douloureuse que le maître choisisse de ne pas intervenir. D'autres occasions se présenteront pour les structures linguistiques... Ici, l'essentiel est de pouvoir dire.

Il ne peut être question, pour nous, dans les limites de cet ouvrage de faire un panorama de tous nos mini-chantiers. Nous en avons choisi trois qui nous paraissent représentatifs de notre travail :
• Un chantier « expression de soi » utilisant comme inducteurs des expressions familières de la vie courante, en général peu reconnues comme poétiques (« J'en ai marre », « C'est pas juste », « C'est super », « C'est chouette », « Je déteste ») avec un exemple d'intervention linguistique de la maîtresse sur des textes d'enfant.
• Un chantier mené en parallèle à un travail en biologie sur la nutrition (parce que c'est l'un de nos principes que, chaque fois qu'on étudie scientifiquement une réalité, on fasse aussi jouer l'imaginaire à propos de cette même réalité).
• Un chantier à dominante « structure de texte » pour essayer de mettre en évidence tout ce qu'apporte le choix de travailler le poème comme un *texte* et non seulement comme une juxtaposition de trouvailles et d'à peu près.

A. CHANTIER « THÈMES INDUCTEURS POUR L'EXPRESSION DE SOI »

But : permettre aux enfants de dire des aspects de leur vie qui les affectent vivement, sous une autre forme que le récit de vie. Pour cela, partir d'expressions courantes qui leur sont famileres :

J'en ai marre	ou :	C'est super
C'est pas juste		C'est chouette quand
Je déteste		Quel bonheur de
Je n'aime pas		J'aime

Enjeu (pour le maître d'abord, puis pour les enfants) : éviter le hiatus entre la poésie et chaque enfant.

Particularités de ce chantier :
— Il faut laisser du temps pour glaner, rassembler des exemples de situations qui affectent les enfants.
— Aucune structure de texte n'est donnée au départ, les enfants auront le choix entre celles qu'ils ont déjà rencontrées (par exemple, structure à strophes avec ou sans rimes, énumération de type inventaire, ou développement d'un thème par images sans structure préétablie) ou de formes qu'ils inventent (voir ci-dessous « Je déteste »).

Pour lancer le chantier, la maîtresse a installé deux panneaux : sur l'un, les thèmes inducteurs de type « J'en ai marre », sur l'autre, ceux de type « C'est super ».
Pendant une semaine, les enfants viennent y coller des papiers, signés ou non, commençant par l'un des thèmes inducteurs. Au bout d'une semaine, on lit tous les petits papiers. Chaque enfant choisit le thème inducteur qu'il retient (il peut reprendre ses papiers ou ceux de ses camarades). Il a le libre choix de la structure du poème. Les enfants se regroupent par thème inducteur choisi.
Leurs confrontations de premiers jets portent à la fois sur ce qu'ils appellent les idées et sur les structures de poèmes choisis mais, sur cette dernière question, la maîtresse doit faire des interventions plus personnalisées.

Nous en donnons ici trois exemples (premier jet et production finale) pour mettre en évidence leur orientation : aider chaque enfant à pousser le plus loin possible des effets de sens qu'il a à peine amorcés, en cernant avec lui les aspects linguistiques qui les produisent.

Premier exemple :

Je détéste

la cervelle, l'arvion, les petits corchons, ~~la~~ l'eau de mer, le foit dé veau, grosir, les réptiles, la conjugaison, la pluie, l'orage, les histoires idiotes, les chansons bétes, les piqûres de moustique, la grammaire,

vanessa

JE DETESTE

la cervelle, l'avion, l'eau de mer, les histoires idiotes, la conjugaison, la pluie, les piqûres de moustiques, le foie de veau, l'orage, les chansons bêtes, la grammaire, les petits cochons et GROSSIR

VANESSA

[Si la structure choisie est une structure en vignette rectangulaire, pousser plus loin l'impression de « pêle-mêle », en séparant les expressions qui se ressemblent ou qui sont venues en même temps. Et par quoi on finit ? « Par ce qui est tout seul et qui est drôle. » À la frappe, on s'aperçoit qu'« il ne faut pas que chaque ligne commence par *le* ou *la* ou *les,* parce que ça ferait comme des vers chaque fois, et pas comme un rectangle de mots ». On discute aussi de la place du titre.]

Deuxième exemple :

J'EN AI MARRE...

J'en ai marre
De plier mon linge
Je le plie, il se déplie

J'en ai marre
De faire mon lit
Toujours mal fait,
on me gronde

J'en ai marre
De rester à Villiers le sec
Pas d'ambiance,
pas de café, pas de boulanger,
Pas de cinéma ! ;...

J'en ai marre...
de ne pas avoir de rollers.
Je ne connaîtrai pas la joie
de la vitesse

J'en ai marre...
De manger toujours
la même chose
ça devient très lassant.

J'en ai marre...
Mon père tue les chiots
paraît qu'y a trop de chiens
sur la terre.

Rosalie

→ J'EN AI MARRE

J'en ai marre
De plier mon linge
Je le plie, il se déplie

J'en ai marre
De faire mon lit
Je le fais, il se mal fait

J'en ai marre
De manger toujours pareil
Je mâche et remâche

J'en ai marre
De ne pas avoir de rollers
Je marche, ils roulent sans moi

J'en ai marre
De rester à Villiers-le-Sec
Pas de café, pas de boulanger,
pas de cinéma

J'en ai marre
Que mon père tue les chiots
Paraît qu'y a trop de chiens
sur la Terre !

Rosalie

[Puisque la structure de texte choisie est la structure à strophes, choisir entre la strophe à deux ou à trois vers : « dans le deuxième vers, je dirai de quoi j'ai marre, et dans le troisième pourquoi ».
On essaie de pousser le plus loin possible la structure en opposition du troisième vers de la première strophe. On y renonce cependant quand « ça changerait trop ce qu'on veut dire ».
On enchaîne les strophes selon un élargissement : de la vie de tous les jours au sens de la vie.]

Troisième exemple :

C'est super

Nager
faire du ski
Jouer au football
C'est super

. Fêter Noël
. Recevoir des cadeaux

. Fêter mon anniversaire
C'est super

: Aller en vacances
. Le soleil
. Aller à la plage
C'est super

Christophe

C'EST SUPER

Nager
Faire du ski
Jouer au football
C'est super

Fêter Noël
Avoir des cadeaux
Célébrer mon anniversaire
C'est super

Être en vacances
Aller jouer au soleil
Courir sur la plage avec
mon chien
C'est super super

Christophe
(tapé à la machine)

[Respecter la structure de vers commençant par un infinitif, éviter les répétitions, sauf si on veut en tirer un effet, mais surtout, ici, pousser jusqu'au bout la sollicitation de strophes en triangle donnée par la première strophe.]

B. MINI-CHANTIER « POÈMES » À PROPOS DE NUTRITION (dans une classe de CE)

Parallèlement à un travail mené en biologie sur la nutrition, la maîtresse décide de faire travailler ce thème dans sa dimension imaginaire.
Dans le cadre d'ateliers d'écriture menés avec des normaliens FP1 en stage dans la classe, plusieurs groupes choisissent d'écrire des poèmes tandis que d'autres écrivent des « menus horribles » ou créent des « publicités farfelues » (voir chantier « affiches »).

Démarche

- Lecture de poèmes

Dans un premier temps, les enfants ont à lire plusieurs poèmes ayant pour thème « les plaisirs de la bouche » :
« J'ai trempé mon doigt dans la confiture » (R. de Obaldia),
« Qu'est-ce qu'ils bouffent ? » (P. Vincensini),
« L'oiseau du Colorado » (R. Desnos),
« Un artichaut sous un chapeau » (comptine),
« Pomme et poire » (comptine),
« Rock Monsieur — Rock Madame » (B. Vian).
L'un des premiers buts de cette séquence est de persuader les enfants qu'on peut faire de la poésie en parlant de « ce qu'on mange ».
« C'est pas vrai, Maîtresse, moi j'en ai jamais vu des poèmes comme ça. Les poèmes ça parle des choses qui sont belles... »
Le but suivant sera de permettre à chaque enfant de pouvoir choisir la structure sur laquelle il va s'appuyer pour écrire son propre poème.

- Écriture d'un premier jet

La maîtresse rappelle les consignes d'écriture sur lesquelles on a réfléchi ensemble après la première séquence :
— Le poème doit parler de « ce qu'on mange » (on a cherché des noms qui sonnent « bizarre » ou « joli » : nougatine, praline, pistache, topinambour, rutabaga, vol-au-vent, etc.)
— La structure de texte choisie soit s'appuie sur des bouts rimés (comme dans les comptines données à lire) soit imite la structure des menus.
— Le poème devra avoir :
    une chute,
    un titre,
    le nom de l'auteur.

Tous les enfants produisent un premier jet.

Voir page 154, deux exemples de ces premiers jets (recopiés après toilettage orthographique) :

Qu'est-ce qu'ils ont tous ?	Aurélie
Menu de sorcière	Matthieu

On s'aperçoit que les enfants réinvestissent des structures déjà dégagées dans des séquences précédentes et réemploient des outils qu'ils se sont appropriés depuis le début de l'année.

- Production finale

Quelques modifications sont apportées — en particulier pour plusieurs enfants, recherche de synonymes de *mange* — et, à la séance suivante, dans le cadre des ateliers de recherche graphique, les enfants feront de leurs poèmes des « poèmes à voir » ou des « poèmes-affiches ».

Ces ateliers permettent des recherches intéressantes au niveau de la mise en espace.

qu'est-ce qu'ils ont tous?

Le navet
fait le guet

L'avocat
A du tracas

La sardine
fait sa cuisine

La nougatine
va voir sa cousine

Le topinambour
va à Carrefour

Le hamburger
n'est jamais à l'heure

La chouquette
veut son allumette

Le vol au vent
veut ses parents

Mai moi j'préfère
Etre privée de dessert
si je dois vivre
Dans cet enfer.

Aurélie

Menu de sorcière

Entrée:

- Queues de vipère
- Oeil de bœuf au oeufs de grenouille
- Pis de vache

Plat principal:

- Foie de dragons arrosé de venin de co
- Nez d'enfant
- Bouillie d'avoine pourrie
- Dent de mammouth bouillie
- Lunettes de thomas

Fromage:

- Fromage au lait de dragon.
- Fromage au lait de taupe

Dessert:

- Oreille de chat sucrée
- Pattes de chien sucrées
- Queue de cheval sucrée

Boisson:

- Poussière de lune à l'eau
- Jus d'œil de dragon.
- Feuille d'arbre pressée

Mathieu

C. CHANTIER « POÈMES » À DOMINANTE STRUCTURE DE TEXTE (dans un CM)

Le poème en tant que type textuel est facilement reconnu par les enfants-lecteurs au cours des activités de tri de textes. Cependant il se laisse difficilement cerner en profondeur.
Dès le premier coup d'œil, l'enfant a reconnu, repéré implicitement, l'allure générale du texte, le titre, l'alignement à gauche, les lignes inégales, la présence de majuscules, la division en strophes, le nom de l'auteur, (tout ceci éventuellement car tel peut ne pas être le cas).
Une première lecture fait apparaître d'autres caractéristiques : répétitions — échos sémantiques — rythmes des lignes, des blancs, des sonorités — rimes.

C'est tout cet éventail des possibilités qui s'organisent dans une structure de texte que nous allons conduire les enfants à découvrir, à manipuler.
Pour cela, le maître a choisi trois poèmes de structure voisine à charpente fortement marquée.
Étapes :
— Lecture et relecture des textes, d'abord pour le plaisir. Et échange oral sur le pouvoir des mots.
— Marquage au feutre surligneur de tout ce qui se répète dans le texte à la même place.
— Repérage par des flèches des mots qui se font écho ou qui se remplacent.
— Encadrement de toutes les autres constantes que l'on peut repérer (déterminants, prépositions, etc.)
Les enfants travaillent individuellement, puis procèdent à un échange par petits groupes, le maître intervenant pour apporter des éclaircissements, recadrer les observations, relancer la lecture.
À l'issue de ce travail on aura tiré de chaque texte un schéma de structure, « un moule à poème » avec ses constantes déjà inscrites, ses variables sous forme de cadre vide et les flèches de relations sémantiques ou lexicales. Chaque enfant va maintenant utiliser ce moule en y introduisant ses propres thèmes pour « écrire à la manière de... ». Voir page 156, le travail de Michaël.
Cette phase de l'activité est strictement individuelle et permet au maître d'intervenir auprès de chacun pour affiner l'analyse, mettre l'accent sur la cohérence du texte, faire apparaître la dynamique du poème, aider chaque enfant à produire son « chef-d'œuvre ».

Les textes proposés et les schémas de structure seront recopiés sur des fiches mises à la diposition de la classe pour servir d'outils au cours des activités d'écriture poétique autonome, puisque tel est le but de tout ce travail.

Tu dis

Tu dis sable
et déjà
la mer est à tes pieds

Tu dis forêt
et déjà
les arbres te tendent leurs bras

Tu dis colline
et déjà
le sentier court avec toi vers le sommet

Tu dis nuage
et déjà
un cumulus t'offre la promesse du voyage

Tu dis poème
et déjà
les mots volent et dansent
comme étincelles dans ta cheminée.

Joseph-Paul SCHNEIDER
dans Jean Orizet, *Les plus beaux poèmes pour les enfants*, Cherche-midi.

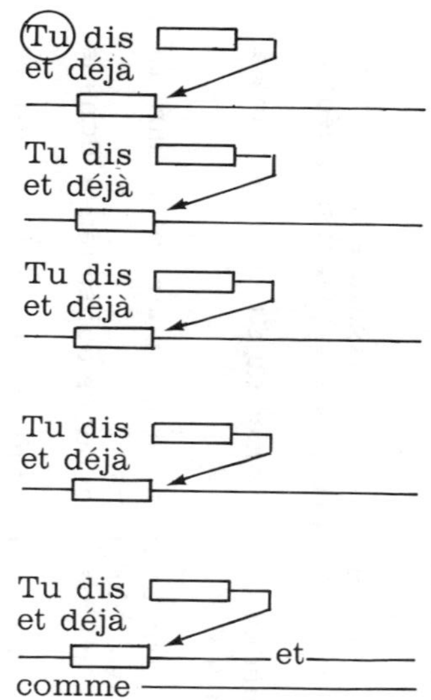

Je dis

Je dis fleur
et déjà
le papillon me pardonne

Je dis verdure
et déjà
l'herbe me pousse au pied

Je dis printemps
et déjà
le soleil me fait rêver la jeunesse

Je dis ciel
et déjà
le vent m'arrache ma pensée

Je dis champs
et déjà
les blés poussent et grandissent
comme cheveux d'or

Michaël
Le 6.10.86

Michaël, 9 ans, analyse de structure et production

5. Organisation de la classe et programmation des apprentissages

Voici, en bref, à quelles conclusions nous sommes parvenus sur l'ensemble de ces questions :

1. Situation des chantiers dans la vie d'une classe

• Dans une classe, on écrit (et on lit) tous les jours et à tous moments, dans des situations de production les plus diversifiées possible. On écrit seul ou à plusieurs et — alors que les chantiers font fonctionner l'écriture individuelle — la vie de la classe propose de nombreuses situations où *écrire à plusieurs* est tout à fait intéressant. Par exemple :
— les situations d'urgence : un texte à produire vite par quelques volontaires,
— les situations de répartition des tâches dans des projets complexes : prendre en charge à deux ou à trois les rubriques d'un journal, faire à deux ou à trois le compte rendu d'enquête ou de recherche dont on est responsable dans le cadre d'une exposition, etc.,
— les situations « pour le plaisir » (fiction et imaginaire) : écrire à deux une histoire drôle, réaliser à deux un poème-affiche, etc.,
— les situations d'exploration d'un type de texte nouveau et qu'il n'est pas envisageable dans l'immédiat de travailler en chantier,
— les situations post-chantier où l'on a le référent commun du chantier et des critères dégagés, qu'il suffit d'adapter à une situation nouvelle (EX. : une lettre à..., pour...).

• Il n'est donc ni possible ni souhaitable de tout transformer en chantiers qui sont « seulement » des modules d'apprentissages
— les plus cernés possible dans leurs objectifs,
— les plus rigoureux possible dans les compétences à faire acquérir.

• Du point de vue métalinguistique, les chantiers couvrent l'essentiel de la grammaire de texte et une partie de la grammaire de phrase. Pour le reste, il est nécessaire de compléter par des *séances de systématisation de microstructures* non travaillées dans les chantiers. Par exemple :
— syntaxe des accords,
— morphologie verbale (les formes de la conjugaison),
— principales structures orthographiques,
— principales structurations lexicales (préfixes et suffixes, traits ±humain, ±animé, etc.).

2. Nombre et durée des chantiers dans une année scolaire

• Chacun des sept chantiers proposés a sa spécificité et ses acquis propres. Ensemble, ils constituent un *système* avec analogies, oppositions, interférences. Peu importe l'ordre dans lequel on travaille ces types de textes, mais il nous semble que chacun doit trouver sa place dans chaque année scolaire, en veillant simplement, d'une année à l'autre, à éviter les répétitions, à diversifier les variables travaillées et à concevoir une progression de type spiralaire.

• Il nous paraît intéressant, chaque année, de faire opérer des tris de textes, en variant chaque fois et en approfondissant les critères de tri. Cela peut aller du simple classement explicité d'affiches, de poèmes, de fiches prescriptives au CP à des classements de types de comptes rendus ou à des classements de textes d'après leurs marques d'énonciation ou leur système verbal. Les tris de textes peuvent, selon les cas, servir d'outil d'exploration de facteurs nouveaux ou d'outils de synthèse.

• Nous ne voyons pas de raison de réserver un type de texte à un type d'âge (sauf peut-être les textes abrégés *). On peut apprendre à produire une affiche, une lettre de demande, un récit fictionnel aussi bien en grande section de maternelle qu'en cours moyen. Le chantier sera simplement plus ou moins fouillé, plus ou moins complexe. Et, pour les textes produits en maternelle, le maître servira de secrétaire ou un magnétophone à cassettes de manipulation simple permettra d'enregistrer les premiers jets.

• Un chantier ne se limite pas à une séance. C'est long, parce que chaque enfant doit avoir son cheminement propre, construire ses repères et ses outils, évaluer ses progrès, aboutir à une présentation impeccable de son texte. Néanmoins, la durée et le fonctionnement des chantiers peuvent être très différents d'un texte à l'autre. On peut dire que :
— des chantiers sont longs (coûteux en temps) : les récits de fiction, contes, nouvelles, etc., ainsi que certains comptes rendus,
— d'autres gagnent à être travaillés régulièrement, dans une succession de mini-chantiers répartis sur toute une année : poèmes, récits de vie,
— on peut envisager sur une semaine (en gros quatre séances d'une heure et demie) des chantiers « affiches », « lettres », « fiches prescriptives ».

3. Programmation du CP au CM2

Elle découle de tout ce qui précède.
Elle peut s'appuyer sur deux outils mis au point en équipe d'école :
— une *fiche de programmation* d'école (voir tableau ci-dessous),
— les *dossiers de chantiers* de chaque enfant, qui le suivent d'une classe à l'autre, qui s'enrichissent d'une classe à l'autre, et qui comprennent, rappelons-le, pour chaque chantier, au moins :

ses productions (premier jet et la production finale),
les écrits sociaux observés au cours du chantier,
les outils construits,
une fiche d'évaluation.

Groupe scolaire de :

Types de textes travaillés en chantier	Maternelle	CP	CE1	CE2	CM1	CM2
Lettres						
Affiches						
Fiches prescriptives						
Comptes rendus						
Récits de vie						
Récits de fiction						
Poèmes						
Textes abrégés						
Autres						

Fiche de programmation-récapitulation des apprentissages mis en place d'une année à l'autre de la Maternelle au CM2

Attention : la « fiche de programmation d'école » est à élaborer en équipe d'école, mais à remplir *au fur et à mesure*, chaque année. (Il ne s'agit pas de décréter *a priori* qu'on étudiera la lettre de demande au CM et la lettre de remerciement au CE1, ni même que le conte est pour le CP et la nouvelle pour plus tard.) Les textes mis en chantier viennent avec les projets ; simplement, la construction des apprentissages s'appuie sur ce qui a été fait auparavant, ce qui suppose que les maîtres s'entre-informent avec précision au moyen de fiches de programmation et de dossiers.

Chaque case remplie du tableau pourrait comporter au moins trois indications :
— nature précise du type de texte qui a été travaillé,
— concepts mis en place ou réassurés,
— aspects linguistiques travaillés (cf. trame de préparation).

4. Objectifs minimaux raisonnables pour les enfants quittant le CM2 : Ceux définis au chapitre 1 (pages 11 à 17).

ÉCRIVEZ-NOUS :

Vous êtes :
— instituteur, professeur ;
— formateur d'enseignants ;
— chercheur en didactique, en linguistique, en psychologie.
Vous avez lu ***Former des enfants producteurs de textes.***

Dites-nous ce que vous pensez de la problématique d'ensemble qui y est présentée.
Dites-nous :
— ce qui vous a intéressé ou non,
— ce qui vous a paru clair ou non,
stimulant ou non,
opératoire ou non.

Si vous utilisez cet ouvrage dans votre travail, dites-nous comment, exactement, vous l'utilisez.

Nous avons besoin de connaître vos réactions, non seulement pour évaluer dans quelle mesure notre travail peut être utile à d'autres, mais aussi pour continuer notre recherche. MERCI de prendre le temps de nous écrire.

Seriez-vous intéressé par la participation à des journées d'études permettant aux utilisateurs de l'ouvrage de confronter leurs expériences ?
Notre adresse : Groupe « Production de textes »
Circonscription d'Ecouen
École Foch, rue Foch
95440 ECOUEN

Imprimé en France par I.M.E. - 25110 Baume-les-Dames
Dépôt légal n° 6205-06/1996
Collection n° 13 - Edition n° 04
17/0350/3